法治建设与法学理论研究部级科研项目成果

人工智能产品侵权责任问题研究

Research on Tort Liability of Artificial Intelligence Products

李迪昕 著

知识产权出版社
全国百佳图书出版单位
—北京—

图书在版编目（CIP）数据

人工智能产品侵权责任问题研究／李迪昕著 . —北京：知识产权出版社，2024.6（2025.9 重印）
　　ISBN 978-7-5130-8818-3

Ⅰ. ①人… Ⅱ. ①李… Ⅲ. ①人工智能—侵权行为—研究—中国　Ⅳ. ①D922.174

中国国家版本馆 CIP 数据核字（2023）第 124815 号

责任编辑：唱学静　秦金萍　　　　　责任校对：王　岩
封面设计：瀚品设计　　　　　　　　责任印制：孙婷婷

人工智能产品侵权责任问题研究

李迪昕　著

出版发行：	知识产权出版社 有限责任公司	网　　址：	http://www.ipph.cn
社　　址：	北京市海淀区气象路 50 号院	邮　　编：	100081
责编电话：	010-82000860 转 8367	责编邮箱：	1195021383@qq.com
发行电话：	010-82000860 转 8101/8102	发行传真：	010-82000893/82005070/82000270
印　　刷：	北京建宏印刷有限公司	经　　销：	新华书店、各大网上书店及相关专业书店
开　　本：	720mm×1000mm　1/16	印　　张：	10
版　　次：	2024 年 6 月第 1 版	印　　次：	2025 年 9 月第 2 次印刷
字　　数：	158 千字	定　　价：	69.00 元
ISBN 978-7-5130-8818-3			

出版权专有　侵权必究
如有印装质量问题，本社负责调换。

引 言

自 20 世纪 50 年代至今，人工智能发展迅猛，日益成为当代科技研发的关键领域，但学术界针对人工智能产品侵权责任问题的研究，可谓仁者见仁、智者见智。1936 年，计算机科学之父艾伦·麦席森·图灵在《论数字计算在决断难题中的应用》一文中，首次提出著名的"图灵机"设想。1950 年 10 月，图灵再次发表《机器能思考吗》一文，并在此划时代之作中提出了著名的"图灵测试"，这一学术成果为图灵赢得"人工智能之父"称号的同时，也将"人工智能"这一专业术语引入学界的广泛研究和深入讨论的范畴之中。1956 年，达特茅斯会议上首次提出人工智能概念后，研究学者们取得一批令人瞩目的研究成果，随即掀起第一个高潮，人工智能发展初期的突破性进展也在很大程度上提升了人们对人工智能的期望。自此之后，学者们开始尝试更具挑战性的任务，而人工智能发展几经起落，直至 21 世纪，进入了蓬勃发展阶段。目前，随着信息技术的飞速发展，在大数据、云计算、互联网、物联网等信息技术的基础之上，人工智能技术大幅度地跨越了科学与应用之间的"技术鸿沟"，达到了从"不能用""不好用"到"可以用"的技术破冰，实现了爆发式快速发展的新高潮，如今越来越多的人工智能产品逐步出现在大众的视野中。

然而，事物都是有两面性的，人工智能既为人类的进步发展提供了更多机遇，也给人类带来了不少的挑战。新科技革命推动当今世界格局加速演变，人工智能时代的出现是一种必然趋势。在面临机遇和挑战时，我们不能故步自封、顾虑重重、错失良机，而应在享受人工智能产品带来红利的同时，揆情度理，加强法律监督，将人工智能产品带来的道德风险和法律风险降到最低。

目 录

第一章 人工智能产品概述　　1

一、人工智能的界定 / 3

二、人工智能产品的概念、类型及价值 / 16

第二章 人工智能医疗侵权责任研究　　29

一、人工智能医疗侵权责任的归责原则 / 31

二、人工智能医疗侵权责任的构成要件 / 35

三、人工智能医疗侵权责任的免责事由 / 45

第三章 自动驾驶汽车侵权责任研究　　51

一、自动驾驶汽车及其侵权问题概述 / 53

二、自动驾驶汽车交通侵权责任的归责原则 / 62

三、自动驾驶汽车交通侵权责任的构成要件 / 68

四、自动驾驶汽车交通侵权的责任承担 / 77

第四章 其他人工智能产品侵权责任研究　　93

一、其他人工智能产品 / 95

二、其他人工智能产品的法律地位 / 98

三、其他人工智能产品侵权责任的类型 / 99
四、其他人工智能产品侵权责任的主体 / 103
五、其他人工智能产品侵权责任的承担 / 107

第五章　人工智能侵权责任主体研究　　111

一、人工智能对法律主体制度的挑战 / 113
二、人工智能民事法律主体地位的争议 / 118
三、人工智能不能作为民事法律主体的合理性 / 122
四、现有民事主体制度下的人工智能侵权责任 / 125

第六章　人工智能侵权规制的配套制度研究　　127

一、人工智能侵权规制的前提探讨 / 129
二、引入区别对待归责 / 133
三、完善侵权事实认定机制 / 138
四、健全社会化分担机制 / 140

主要参考文献　　148

第一章

人工智能产品概述

第一章

人工科学の出現

一、人工智能的界定

（一）人工智能时代的热点案件

人工智能迅猛发展的年代，世界各国都在争先恐后地追赶，试图抢占人工智能制高点的战斗已经悄无声息地打响。从 2016 年的《"互联网+"人工智能三年行动实施方案》到 2017 年的《促进新一代人工智能产业发展三年行动计划（2018—2020 年）》，再到 2020 年的《加强"从 0 到 1"基础研究工作方案》，中国出台了一系列人工智能的相关政策，极大地推动了国家人工智能开放创新平台的建设，并依托百度、阿里巴巴、腾讯、科大讯飞等公司，在自动驾驶、城市大脑、医疗影像、智能语音等技术方向上试点建设国家人工智能开放创新平台。科大讯飞的翻译机（互译神器）、腾讯的人工智能实验室（AI Lab）和百度的自动驾驶汽车等产品也将国内人工智能产品的发展水平带上了一个新高度。

与此同时，国外的人工智能发展，也同样如火如荼地进行着。在人工智能技术研发和应用方面，美国始终处于领先水平，2016 年美国科技委员会发布了两个重要战略文件，即《为人工智能的未来做好准备》和《国家人工智能研究与发展战略规划》，从而为美国人工智能制定了宏伟计划和发展蓝图，并取得了大批研发成果。例如，波士顿动力公司发布了一款名为 Handle 的仓库机器人，把"足+轮"式的能力直接提升到了一个前所未有的高度，不仅如此，该公司还与南加州大学的机器人实验室联合开发了 LittleDog，具有人工智能的自我学习能力。此外，美国 OpenAI 公司研发的聊天机器人模型 ChatGPT 更是使人工智能掀起了新的高潮。

人工智能已成为赋能实体经济高质量发展的新动能，引领着新一轮的科技革命。根据美国皮尤研究中心（Pew Research Center）发布的世界各地关于人工智能和机器自动化对社会影响看法的调查，在世界各地居民的日常生活中，人工智能扮演着越来越重要的角色。调查显示，全球20个国家的受访者在"人工智能对社会影响"这一问题上各执己见。其中，有一半以上（53%）的受访者认为，人工智能的发展以及使用模仿人类行为的计算机系统，本质上是对社会有益的，而33%的人认为其是有害的，余下持中肯态度的受访者则认为人工智能产品的发展和应用是一个必然的趋势。① 随着人工智能平台的推出，当今社会也进入智能化时代，人工智能产品即将产生一个巨大的价值空间，但同时也引发了一系列的侵权案件，对人类的生活造成一定程度的威胁。

1. 机器人失控事件

2016年11月，在第十八届中国国际高新技术成果交易会上，一台名为"小胖"的机器人在没有指令的前提下突然自行打砸展台玻璃，将部分展台损坏，并造成一名参观者受伤送医。相关资料显示，小胖是专为4~12岁儿童研发并用于教育的服务型机器人。此次重大事故，给很多家长的心理造成不可逆转的信任缺失。当天下午，北京进化者机器人科技有限公司（即研发小胖的生产厂家）发表声明称，当参展人员试图将一台面罩打开的小胖机器人移动到展位内时，误将后退键按成前进键且未及时按停，导致通道另一侧展台的玻璃被部分碰倒摔碎，玻璃划伤了在展台内的一名观众，全过程持续10余秒。据该公司的解释，小胖在打开面罩的情况下，会自动关闭避障感应元件，这是为了更好地实现人类对它的控制，此次意外情况是由于参展人员的错误操作所导致的。② 事后，该公司及相关合作伙伴方对受伤观众进行了慰问及赔偿。该公司认为媒体有些文章不仅是对产品的恶意攻击，还在一定程度上给展会带来了负面影响。此次事件再次引起大家的关注，也警示着我

---

① Pew Research Center, Here's How Opinions on the Impact of Artificial Intelligence Differ around the World, https://www.weforum.org/agenda/2020/12/mixed-views-of-the-impact-of-artificial-intelligence/, last visited: 2024-05-11.

② 贺威通、王逸群：《高交会官方回应机器人伤人事件：员工操作不当所致》，载央广网，http://china.cnr.cn/xwwgf/20161119/t20161119_523278811.shtml，2023年6月7日访问。

们，对于预先设定好程序的机器人，需要反思的不仅仅是技术上的缺陷，而且要针对发生的既定结果，找到追责的主体，并且应该尽快完善有关人工智能产品侵权的法律法规。

2. 特斯拉汽车系列侵权案件

2016年1月20日，京港澳高速上一辆处于"自动驾驶"模式中的特斯拉汽车，撞上一辆正在作业的道路清扫车，特斯拉汽车当场损坏，司机不幸身亡。根据事后警方对事故现场的勘查，特斯拉汽车在遇到前方正在施工作业的道路清扫车时，没有采取任何的紧急制动和躲避措施，直接相撞，导致发生追尾交通事故。同年5月7日，美国佛罗里达州的高速公路上，一辆特斯拉汽车在"自动驾驶"模式下发生撞车事故，导致司机身亡，这是美国首例涉及汽车"自动驾驶"功能的交通死亡事故。据调查，司机驾驶的车辆在碰撞发生之前，没有采取过任何紧急制动或者避让的措施。[①] 短短的四个月时间，两起特斯拉汽车交通事故死亡案例，将大众带进特斯拉的Autopilot系统交通事故的怪圈中，学界以及大众开始对自动驾驶汽车产生怀疑。然而，当此事件的话题热度还没有消散时，同年8月2日，北京车主罗先生在给自己新买两个月的特斯拉汽车上完牌照后，便在路上发生了交通事故。而这起事故发生的原因及过程，与第一起事件简直如出一辙。在启用自动驾驶跟车的过程中，前车遇到障碍物进行了避让，而自动驾驶系统没有识别出避让车辆路线变化，直接撞了上去。[②]

这一系列事件的发生，使自动驾驶汽车安全性问题这一热点话题持续发酵。在此类事件的背后，大家针对自动驾驶汽车存在的问题，主要产生了两个质疑：其一，事故的发生是否与自动驾驶汽车的人工智能系统有关，"自动驾驶"系统是否难以识别部分障碍物；其二，特斯拉交通事故是否属于个案，并不能代表整个自动驾驶汽车行业。

不过，争议尚无定论之时，2018年3月19日，美国亚利桑那州坦贝市

---

① 《国内首起特斯拉自动驾驶致死事故曝光 经销商成被告》，载搜狐财经，https：//business.sohu.com/20160915/n468474398.shtml，2023年5月10日访问。
② 《特斯拉承认：致死案当时处自动驾驶状态》，载百家号，https：//baijiahao.baidu.com/s？id=1593706289331560830，2023年5月10日访问。

发生一辆优步（Uber）自动驾驶汽车撞死一名女子的伤亡事故。这是全球首宗自动驾驶汽车致死的交通事故。据媒体报道，事故发生时，车辆处于自动驾驶状态，但驾驶座位上有人操作。调查的录像画面显示，行人是从阴影处突然走上马路，在这种情况下，不管处于任何模式（自动驾驶或真人驾驶），都难以避让，此次事故责任可能不在自动驾驶汽车。① 虽然当地警方出具官方解释，但是学界对自动驾驶汽车的关注点开始不局限于前两个质疑，而对自动驾驶汽车在人工智能系统与机械工程的结合方面产生了新的疑惑。

目前，人工智产品的运行模式与机械操控之间有现实性的差距，难以实现在很大程度上的契合，而在法律层面，归根结底是要解决责任主体问题，确保人类在受到实质性伤害时，有尽快获取补偿的途径，并将损害成本降到最低。

3. 人工智能作品被侵权案

2018年8月20日，深圳市腾讯计算机系统有限公司（以下简称腾讯公司）在其腾讯证券网站首次发表了标题为《午评：沪指小幅上涨0.11% 报2671.93点 通信运营、石油开采等板块领涨》的财经报道文章，并在末尾注明"本文由腾讯机器人Dreamwriter自动撰写"。同日，上海盈讯科技有限公司在其运营的"网贷之家"网站，也刊发了一篇财经报道文章，标题和内容与前述涉案文章完全一致。为此，腾讯公司将上海盈讯科技有限公司告上法庭，诉称被告的行为侵犯了原告的信息网络传播权，并构成不正当竞争。②

腾讯公司开发的这款名为Dreamwriter的计算机软件，可以自动写稿并生成文章，每年大约写稿30万篇。据了解，腾讯公司声称这篇文章主要经历数据服务、触发和写作、智能校验和智能分发四个环节，著作权归本公司所有，被告的行为侵犯了原告的信息网络传播权，并构成不正当竞争。从表面上看，首先，当今时代的著作权纠纷案已经数不胜数，而本案涉侵权范围并不大——仅涉及一篇发表于2018年8月题为《午评：沪指小幅上涨0.11%

---

① 《全球首例 优步无人驾驶车撞死一女子》，载百家号，https://baijiahao.baidu.com/s?id=1595420840986953120&wfr=spider&for=pc，2023年5月10日访问。

② 《首例！法院认定人工智能生成的文章构成作品》，载搜狐网，https://www.sohu.com/a/380773882_117916，2023年5月10日访问。

报2671.93点 通信运营、石油开采等板块领涨》的新闻；其次，双方几乎没有争议，被告在庭审中没有进行任何抗辩，完全接受了原告主张的事实；最后，法院的判决也无任何特别修改，在原告共计索赔19 000元的情况下，法院仅酌定被告赔偿1500元，并驳回了原告要求被告刊登声明、消除影响等其他诉讼请求。①

此案看似平平无奇，但区别于以往所有的著作权纠纷，本案案涉文章并非直接由人撰写，而是由腾讯公司所开发的Dreamwriter智能写作助手自动生成的。此系统系由腾讯公司关联企业腾讯科技（北京）有限公司基于数据和算法所开发的智能写作辅助系统，本案系涉国内人工智能生成产品第一案。此案一出，学界对人工智能产品展开了深入探讨。在确认人工智能产品是否可能成为权利主体之前，我们或许可以将目光聚焦到另一个类似的争论中，即"猴子触动相机拍摄的照片，法律性质如何"。这个争论的前提是，无论是否在法律条文中明确说明，目前一切法律中的权利主体只能是人类自身及拟人化的人类组织。因此，"著作权"作为一个纯粹的法律概念，对于争论而言，应酌情分析。

在上述案件中，法院基本也持上述思路，认为在Dreamwriter生产新闻的过程中，相关数据类型的输入、数据格式的处理、触发条件的设定、文章框架模板的选择、语料的设定以及智能校验算法模型的训练等均由原告主创团队相关人员选择与安排，因此基于此种情况下产生的文字作品，本质上属于腾讯公司的法人作品，腾讯公司享有该文章的著作权。

（二）人工智能时代面临的风险

2016年5月，国家发展和改革委员会、科技部、工信部和中央网信办联合制发《"互联网+"人工智能三年行动实施方案》，由此国家大力培育发展人工智能新兴产业，在之后几年内，陆续出台了一系列支持人工智能发展的相关产业政策。须注意的是，人工智能属于"十四五"规划的国家战略性创新领域，在党的十九届五中全会上，更是将人工智能作为具有创新性、前瞻

---

① 《首例！法院认定人工智能生成的文章构成作品》，载搜狐网，https://www.sohu.com/a/380773882_117916，2023年5月10日访问。

性、战略性的国家重大科技项目进行部署。当前,新一代人工智能正与实体经济深度融合,逐渐广泛应用于社会民生领域,有效地激发了创新活力和社会潜能。在人工智能成为经济发展的新引擎时,我们需要对潜在的风险进行研析和预判,清晰识别人工智能产品的法律风险、道德风险和社会风险,为人工智能的持续健康发展提供保障。

1. 法律风险

在大数据信息库的背景下,以数据和算法为基础,人工智能产品依托于C++、Java等计算机语言,建立框架,对数据执行检索和分析等指令,通过互联网、云计算等跨时空、跨地域的方式对检索到的信息进行传播和扩散。值得注意的是,对数据信息的过度采集和非法使用可能侵犯公民权利和隐私。当人工智能产品表现出越来越强的自主性时,需要考虑人工智能产品产生侵权行为后,侵权主体的认定。例如,人工智能产品是否可以代替人类成为民事主体,承担相应责任;对于风险的划分和产生,是否与人工智能产品的级别相关。

2. 道德风险

人工智能与人类最根本的区别在于自主意志和人类情感,随着人工智能嵌入社会的各个领域,人与机器的关系变得十分复杂,机器很难突破情感限制而拥有与人类相似的情感,机器的深度学习也难以理解人性和道德。例如,无人驾驶汽车紧急避险等智能决策可能威胁特定人群的生命,人机交互式产品的广泛应用给人们在工作、生活、情感上带来的高度依赖,可能会威胁社会伦理。

3. 社会风险

在人工智能时代下,人类面临的最大的社会风险是社会性失业风险。人工智能的工作效率远远超过人类,尤其是在某些低要求的辅助性和重复性的工作领域。人工智能工作的精准性更高,简单的手工、程序性工作被取代的可能性极高,若劳动者被人工智能替代,失业问题的爆发会增加社会的不安定因素,使社会的就业稳定性进一步降低。尽管人工智能取代某些行业是大势所趋,是科技进步推动经济发展后形成的不可逆转的事实,但这个替代速度应当尽量放缓。失业规模一旦不可控制,将会扰乱社会秩序,引起高犯罪率或群体性事件等不良后果，这是一个极其严峻的问题。

（三）人工智能的概念与分类

1. 人工智能的概念

人工智能（Artificial Intelligence，AI）是一门广泛的交叉和前沿科学，一般以辅助人类工作为目的，人工智能产品正是在此基础上应运而生。人工智能有着独特的运作原理，人工智能系统使用人工神经网络来模拟非常简单的互连单元组成的网络，这些网络可以通过调整单元之间的连接来获取学习经验，该过程类似人类和动物的大脑通过修改神经元之间的连接来进行学习。基于这样的运作原理，在大数据采集入库后，人工智能系统可以充分运用其善于识别海量数据的隐藏模式，进行庞大数据信息的快速检索、数据分析和比对，以最快的速度得出脚本返还结果，使人类能够高效率地开展工作。

2. 人工智能的分类

目前，学界将人工智能分为弱人工智能、强人工智能和超人工智能，三者划分的基础主要是基于人脑与人工智能产品的智力比对。大部分学者认为，无论人工智能如何模仿人脑的"神经网络"，如何表现得像人，只要在人类心智层面和意识问题的最终解释上没有突破性进展，那么关于人工智能是否逼近或者超过人类智能的设问就是缺少必然前提的，故大家把目光主要聚焦于弱人工智能和强人工智能，而对超人工智能浅言带过。

（1）智力仿真的弱人工智能

弱人工智能（Artificial Narrow Intelligence，ANI），是指各种可以模拟人或动物智能地解决各类问题的技术，包括模式识别、问题求解、逻辑推理与定理证明、机器学习、自然语言理解、人工神经网络等。弱人工智能是擅长单个方面的人工智能。

弱人工智能是人工智能的初级阶段，对于这类产品，无论是嵌入式系统的智能化工具，还是依托于软件的专家系统，它的智力行为都是程序事先设定的，并且没有进化能力，能够实现人类智力的简单交换和替代。在弱人工智能主导的传统人工智能时代，阿尔法围棋（AlphaGo）的诞生，使原有的人工智能产品增添了更多神秘色彩，它的系统自主进化能力，将学者的视野带出人工智能初级阶段，向强人工智能进发。

(2) 智力创新的强人工智能

强人工智能（Artificial General Intelligence，AGI），是一种类似人类级别的人工智能，具有自我意识、自主学习、自主决策等能力。换言之，强人工智能是指在各方面都能和人类比肩的人工智能，在某种程度上，人类能干的脑力活儿，强人工智能产品都能干。①

有学者认为，人类智力和人工智能的本质区别在于多维度、自我进化以及感知与决策的融合，AlphaGo 的出现，使人们对大脑神经网络和深度强化学习算法的认知有了重大改观。经过进化，出现了 AlphaGo Zero，它甚至不需要专家知识，仅需单纯的深度强化学习技术和蒙特卡罗树搜索，就可击败上一版本的 AlphaGO。由此可知，新版本的成功极大地体现了机器学习在人工智能产品自我进化中的重要意义。② 同时，相对于人类智力的感知智能和认知智能，在知识库储存的海量信息下，知识点与关联知识点的无限联系也赋予了人工智能更大的发展空间，使强人工智能有无限的发展前景。但在人工智能意识问题没有解决之前，强人工智能的全方位实现还有很长的路要走。

(3) 无法预测的超人工智能

超人工智能（Artificial Super Intelligence，ASI），是指在几乎所有领域（包括科学创新、通识和社交技能等），都能战胜最聪明的人类大脑的人工智能。超人工智能可以在各方面都比人类强一点，也可以在各方面都比人类强万亿倍。

学者们的思考是有前瞻性的，有些学者在强人工智能概念的前提下，将想象力延伸至超人工智能。这种超前思考也会时刻提醒人们，在面对未来的无限可能性时，尽量减少因人工智能的疯狂发展而对人类社会造成的在法律

---

① 莫宏伟：《强人工智能与弱人工智能的伦理问题思考》，载《科学与社会》2018 年第 1 期，第 17-21 页。

② 唐振韬、邵坤、赵冬斌等：《深度强化学习进展：从 AlphaGo 到 AlphaGo Zero》，载《控制理论与应用》2017 年第 12 期，第 1529-1546 页。

和伦理方面的风险。①

(四) 国内外人工智能的立法现状

一系列侵权案件发生之后,国内外专家学者将目光集中在对人工智能技术的立法上,力求通过立法实践,在一定限度内使法律主体、权利义务以及责任承担等内容更加明晰,以降低侵权行为发生的可能性。

1. 国内人工智能的立法现状

当人类从弱人工智能时代向强人工智能时代迈进时,人工智能及数字化科技的高速发展和广泛应用,给个人信息保护、个人隐私、数据安全等方面带来巨大挑战。针对人工智能技术及其应用已经呈现出的技术风险、社会风险、伦理风险、治理风险以及法律风险等,国内加快了人工智能立法的步伐。

人工智能领域的立法最先要解决的就是基础的数据问题。原料是大数据,工具是云计算,技术是算法,而人工智能是三者的有机结合。有关人工智能产品的立法工作具有极强的政治性、实践性、政策性和专业性,不仅要求立法人员对我国的立法程序和法律效力层级有着非常深刻的理解能力和实践运用能力,而且要求他们有处理复杂社会矛盾和不同利益诉求关系的智慧与能力,而这些能力往往在书本教学和司法实务中难以获得。②

本着求真务实的精神,我国的相关法律法规正在陆续制定的过程中,力求通过这项举措来保障人工智能及数字化产业的蓬勃发展。国内人工智能行业的主管部门为工信部,自律组织包括中国软件行业协会、中国人工智能产业发展联盟、中国人工智能学会等。就职权而言,工信部负责拟订信息产业的规划、政策和标准并组织实施;中国软件行业协会协助政府部门组织制定、修改行业的各项标准,并开展软件和信息服务行业的调查与统计,提出咨询建议;中国人工智能产业发展联盟聚集产业生态各方力量,联合开展技术、标准和产业研究,共同探索新模式和新机制;中国人工智能学会则负责组织领导会员开展人工智能科学与创新的研究。上述主体各司其职,共同推动国

---

① 何立民:《人工智能系统智能生成机理探索之六:从弱人工智能、强人工智能到超人工智能》,载《单片机与嵌入式系统应用》2020年第8期,第88-89页。

② 高绍林、张宜云:《人工智能在立法领域的应用与展望》,载《地方立法研究》2019年第1期,第48-49页。

内人工智能时代的发展。

面对空前的历史机遇，我国为了在第四次工业革命中实现弯道超车，抢占先机，在发展人工智能技术的同时，注意审时度势、未雨绸缪，从法律的角度进行适当的干预和约束，从而使人工智能对人类造成的威胁降到最低。目前，国内出台了《中华人民共和国科学技术进步法》等法律法规，以提高创新能力，保护科学技术人员的合法权益，促进科学技术进步和经济社会发展。为进一步推动人工智能的健康发展，更多相关法律法规正在加紧出台。其中，《中华人民共和国网络安全法》于2017年6月1日正式生效。此法规定了网络安全支持与促进、网络运行安全、网络信息安全、监测预警与应急处置、法律责任等方面的内容。《中华人民共和国数据安全法》和《中华人民共和国个人信息保护法》分别于2021年9月1日和2021年11月1日起施行。① 全国范围内，从中央到地方都在积极出台关于人工智能、数字化领域的法律法规以及其他相关规定。为此，笔者建议从伦理和法律层面开展对人工智能的引领和规范工作，一方面，健全相应的组织体系和工作机制，加强资源统筹、部门协作、信息共享；另一方面，聚焦人脸识别、语音合成、自动驾驶、服务机器人等领域，有计划、有步骤地制定相关法律。相信随着数字化经济的不断发展，我国的相关立法会更加完善。

2. 国外人工智能的立法现状

人工智能在改变人们生活方式的同时，也加快了世界范围内新一轮产业革命的推进。自人工智能时代开启后，世界各国都在紧锣密鼓地制定相关产业政策，力求打好人工智能时代的第一枪。面对新兴的人工智能行业，大部分国家陆续出台了人工智能国家战略，明确了本国的重点应用领域，以促进本国经济增长，提升社会公众对人工智能的包容性。

然而，人工智能新理论、新技术的飞速发展，使得人工智能产品侵权事件也在世界范围内层出不穷。所以，在此背景下，加快对国外人工智能立法的系统研究，既有助于把控人工智能未来的发展趋势，综合了解各国为确保

---

① 《人工智能行业主管部门、监管体制及主要法律法规政策分析（2021年）》，载产业信息网，https：//www.chyxx.com/zhengce/202111/984353.html，2023年4月10日访问。

人工智能安全、可靠、可持续发展所做出的贡献，也能以中肯的态度研判大局，取长补短，进而推动经济社会发展，改善民生福祉。下面以英国、美国和欧盟为代表，进行人工智能立法政策上的分析。

（1）英国人工智能的立法政策

作为在人工智能道德标准及政府监管研究领域的领先者，在人工智能兴起初期，英国发布了《机器人技术和人工智能》报告，侧重阐述英国如何规范机器人技术与人工智能系统的发展，以及如何应对人工智能时代带来的伦理道德、法律及社会问题，从而为英国政府在脱离欧盟后进一步将人工智能系统和机器人的发展、部署和使用作为重点领域奠定基础。前述报告主要在偏见最小化和决策系统透明化的前提下，集中讨论了自动驾驶汽车方面的法律问题，尤其是谁应当承担自动驾驶汽车发生故障和事故的责任这一问题。社会各界相关人士也强调了政府监管和干预的重要性，认为应当建立明确的机制，确定为何以及如何让人工智能系统的设计者和部署者承担其应有的责任。在自动驾驶汽车做出独立智能决策导致损害发生的情况下，这个问题将会面临更多的现实法律难题。此外，采用何种立法手段，既能阻止损害发生，又能让个案的受害人得到救济，同时保证法律的统一与灵活，是一个值得思考的问题。

为了应对这些挑战，英国政府发起了一项提案，试图解决自动驾驶汽车的法律责任问题。[①] 该提案建议，将汽车强制险的适用扩大到产品责任，在驾驶者将汽车控制权完全交给自动驾驶汽车的智能系统时，为他们提供保障；而这些驾驶者（或者投保人）需要依靠法院，法院根据现行《消费者保护法》（Consumer Protection Act）的产品责任和普通法下的过失原则进行裁判，确定哪一方应当对事故的发生负有责任。在此之后，由英国知识产权局（UKIPO）牵头就版权和专利系统如何处理人工智能问题向公众征求意见，内容包括专利和版权应在多大程度上保护人工智能创造的发明和创意作品，以及如何优化在人工智能开发、创新和研究中使用版权材料的措施。[②]

---

① 腾讯研究院：《人工智能各国战略解读：英国人工智能的未来监管措施与目标概述》，载《电信网技术》2017年第2期，第33—35页。

② 《英国政府就人工智能版权和专利立法向公众征求意见》，载中国保护知识产权网，http://ipr.mofcom.gov.cn/article/gjxw/gbhj/ozqt/yg/202111/1966005.html，2023年5月10日访问。

2021年9月，英国正式启动首个《国家人工智能战略》，该战略以"投资并规划人工智能生态系统的长期需求""确保人工智能惠及所有产业和地区""确保英国获得人工智能技术的治理权"三大支柱为基础框架，制定了短期、中期、长期人工智能行动计划。该战略明确了一些重要事项，例如启动国家人工智能研究与创新计划，启动人工智能和英国研究与创新（UKRI）计划联合办公室，通过"人工智能标准中心"协助英国政府参与制定全球规则，落实《美英人工智能研发合作宣言》，通过英国国防部发布《国防人工智能战略》等。① 同年12月，英国数据伦理与创新中心（CDEI）发布首个《人工智能保障生态系统路线图》，阐述了建立世界领先的人工智能保障生态系统所需要完成的工作。这份路线图构建了英国人工智能的总体框架和行动指南，明确了关键领域、利益相关方和相关问题治理手段。②

（2）美国人工智能的立法政策

随着人工智能技术的广泛应用，立法者在人工智能治理领域面临的挑战之一就是将风险分类，并将其合理地划分至道德领域或法律领域。近几年，人工智能产品侵权案件层出不穷，迫使美国联邦政府加大了对人工智能技术的监管力度。2016年，美国发布了《为人工智能的未来做好准备》和《国家人工智能研究与发展战略规划》两份报告，详细阐述了人工智能的现状、规划及具体举措。随后的几年间，美国出台了一系列关于人工智能的法案草案，讨论了人工智能的作用以及美国联邦政府应如何管理人工智能。与此同时，美国的地方政府继续推进具体的立法提案，规范人工智能的使用。

自2019年起，美国联邦政府开始优先考虑人工智能技术的发展和监管。2019年2月11日，时任美国总统特朗普签署的《保持美国在人工智能领域的领导地位》的行政命令列出了五个关键领域：研发人工智能、释放人工智能资源、建立人工智能治理标准、建立人工智能劳动力以及国际

---

① 《深谋远猷：英国发布首个〈国家人工智能战略〉》，载安全内参网，https：//www.secrss.com/articles/34574，2023年5月10日访问。

② 《英国数据伦理与创新中心发布〈人工智能保障生态系统路线图〉》，载安全内参网，https：//www.secrss.com/articles/38297，2023年5月10日访问。

协作与保护。① 美国众议院于 2020 年 3 月提出的"国家人工智能倡议法",旨在推动美国人工智能的发展,促进人工智能研究和机构间合作,并制定人工智能的相关标准,以确保美国在负责任的人工智能发展方面发挥领导作用。2020 年 5 月,《生成人工智能网络安全法案》出台,该法案要求:明确人工智能在美国应用的优势和障碍;调查其他国家的人工智能战略,并与美国进行比较;评估供应链风险以及如何解决这些风险。2020 年 9 月 20 日,美国众议院通过了《2020 年政府法令》,该法案旨在通过在总务管理局(GSA)内部建立"优秀人工智能中心",并要求管理和预算办公室(OMB)向联邦机构发布一份关于人工智能治理方法的指南,以促进联邦政府在开发人工智能创新应用方面做出努力。②

(3)欧盟人工智能的立法政策

近几年,欧盟一直在数字技术监管领域走在全球前列,陆续发布了包括《就机器人民事法律规则向欧盟委员会提出立法建议的报告草案》和《欧盟机器人民事法律规则》在内的很多立法政策性文件。欧盟委员会已于 2023 年 6 月 14 日正式发布《人工智能法案》,该草案明确了人工智能技术所引发的风险,并在符合普遍价值的基础上,使欧盟的技术创新得以进一步加强,令欧洲成为可信赖的全球人工智能中心。其中,欧盟将禁止一些对个人隐私造成"高风险"的人工智能应用,如果此法案获最终版本确定,欧盟将有望成为全球首个对人工智能立法的地区。③

另外,2018 年 4 月,欧盟委员会发布政策文件——《欧盟人工智能》,解释为什么人工智能的发展可能会引发新的伦理和法律问题,强调必须确保人工智能在适宜的框架内发展。2018 年 5 月,欧盟制定的《通用数据保护条例》(GDPR)正式生效,这一号称"最严数据法"的条例亦将对人工智能的发展产生不可忽视的影响。2019 年 4 月 8 日,欧盟委员会发布一份人工智能

---

① 《美国人工智能倡议(全文)》,载搜狐网,https://www.sohu.com/a/357712774_825950,2023 年 5 月 10 日访问。
② 《美国人工智能相关立法情况概述》,载智南针网,https://www.worldip.cn/index.php?a=show&c=index&catid=66&id=261&m=content,2023 年 5 月 10 日访问。
③ 王卫、吴琼:《欧盟拟收紧 AI 监管规则发布最严格立法草案》,载湖北日报网,http://news.cnhubei.com/content/2021-04/26/content_13758456.html,2023 年 5 月 10 日访问。

道德准则，要求不得使用公民个人资料做出伤害或歧视他们的行为。2020年2月，欧盟委员会发布了《人工智能白皮书》，提出欧洲的人工智能战略旨在提高人工智能领域的创新能力，同时促进道德准则、可信赖人工智能技术在欧洲经济领域的应用。2020年10月20日，欧洲议会通过了有关欧盟如何更好地监管人工智能的三份立法倡议报告，期望推动人工智能的立法进程，进而促进技术创新，强化道德标准和技术信任。①

过去几年，人工智能技术发展迅猛，有关技术安全及伦理的讨论亦日趋激烈。对于欧盟提出的人工智能法规，企业褒贬不一。一些科技公司负责人认为，欧盟立法的实施不仅将增加商业成本，还可能扼杀人工智能行业创新和企业潜力。但也有人认为，目前针对数据隐私、技术滥用，尤其人脸识别等人工智能技术领域的争议声越来越大，用更强的法律规范加以约束，有助于巩固公众对AI的信任度。

二、人工智能产品的概念、类型及价值

（一）人工智能产品的概念

人工智能产品是基于人工智能技术而形成的，了解人工智能，可以从其相关产品入手，以获取更大的认识。

1. 人工智能产品的界定

人工智能产品是指使用人工智能的理论、技术和方法处理问题，并输出人工智能能力的产品形态或系统形态。人工智能产品的运行核心是智能系统，该系统以数据为依托，对数据进行分析、筛选及预测，最终以产品的专有属性反馈数据结果。人工智能产品主要有两种表现形态：一类是有客观实体形态的人工智能产品，它们具有物理实体和外观形象，可以产生物理上的位移行为，进行语言上或行为上的互动，达到程序上设定的行为目的；另一类则是虚拟存在的、没有物理实体的人工智能产品，这类产品通常以计算机程序应用或系统应用的形式存在，并不依附具体的物理载体。

---

① 王卫、吴琼：《欧盟拟收紧AI监管规则发布最严格立法草案》，载湖北日报网，http://news.cnhubei.com/content/2021-04-26/content_13758456.html，2023年5月10日访问。

2. 人工智能产品的特征

人工智能产品是人工智能时代的科技产物，在未来的社会、经济和生活变革中有着举足轻重的发展潜力。相比于普通的智能产品，人工智能产品有着独特的技术特性，并体现为以下四个关键特征。

第一，情境感知。情境感知是"拟人化"的，它是指人工智能产品可以依据设定的程序像人类一样感知到变化的情景因素，并利用适当的方式，给予用户相应的反馈。其中，情景因素主要包括在信息交互过程中与人相关的信息以及物理环境等其他相关状态信息。人工智能产品的情境感知能力可以及时向用户提供指定信息，并根据情景因素的变化及时更新信息，对其完成预期的任务目标有一定的辅助作用。

第二，自适应学习。自适应学习是指人工智能产品在执行程序指令的过程中，既能不断地采集环境信息，又能从用户反馈中获取关键信息，进而通过两种信息的汇总融合来支持系统的不断学习和修正，提升输出结果的及时性和准确性。自适应学习这一特性使人工智能产品能够从经验中学习，随着时间的推移而提高特定任务的执行效率。

第三，自主决策。自主决策是指在特定情况下，可以不受外界的干预，以预先设定的程序指令自主地进行决策，并持续执行模式行为，从而完成预期的目标。人工智能产品与传统模式下的自动系统相比，前者可以脱离人类的直接操纵而做出执行决策方案，具有自我管理能力，而后者仅能通过执行预设程序来完成用户设定的任务。人工智能产品的自主决策能力集中体现在"感知—计划—执行"三个方面。伴随着人工智能产品的系统收集和分析数据，这三个方面不间断地循环进行，以此保障产品方案的迭代更新。

第四，主动交换与协同。主动交换与协同是在情境感知、自适应学习、自主决策能力的基础之上，所呈现的区别于传统产品的特征。人工智能产品的主动交换性是指在设定的框架下，其可以通过预测用户而主动发起交互，而协同性是指产品可以作为团队成员的角色与人进行协作，共同完成任务目标。主动交换与协同的特征，使数据信息从多维度及时地进行汇聚，形成信息汇总、数据推理预测和行动执行的逻辑闭环，从而构建高效率的人机协同智能产品。

3. 人工智能产品的应用

人工智能产品遍布各个领域，例如家居生活中的扫地机器人、医疗救助中的医疗机器人、餐饮娱乐中的服务员机器人，这些都是大众视角下最常见的人工智能产品。事实上，人工智能产品并不只有机器人这种单一的形态，从其他领域来看，还包括语言识别、图像识别、自然语言处理和专家系统等。现对以下行业领域进行展开分析。

（1）医疗卫生领域

由于医疗资源的匮乏，我国医疗行业存在供需不平衡的局面，难以完全满足人民群众不断增长的需求。人工智能产品在医疗领域的应用为行业整体提供了一个良好的契机，提升了医护人员的工作效率，改善了医疗行业供需不平衡的局面。近几年，我国出台了一系列与医学人工智能相关的专项政策，也奠定了人工智能医疗产品的发展基调。当前人工智能产品的设计逻辑是"人工智能＋"模式。例如，智能医疗就是基于专家系统打造的医疗信息平台的典型应用，利用最先进的5G物联网技术，实现患者与医务机构、医疗人员、医疗设备之间的实时互动同步的一项人工智能案例。在医疗改革逐步深化的背景下，智能医疗正发挥着不可替代的作用，极大地推动了医疗事业的繁荣发展。当前，智能医疗产品运用广泛，体现在医学影像、医疗信息记录、医疗信息分析、智能问诊、影像识别、研发医药、健康监控、手术机器人等众多方面，未来还将继续在相关领域进行更为深度的运用。

（2）交通运输领域

从无人驾驶汽车到交通管理系统再到物流运输系统，这些人工智能产品融合了人工智能技术和交通运输管理，将技术潜力发挥到极致，为交通运输行业高质量发展添薪续力。对于人工智能驾驶类产品，其核心传感器可以将障碍物信息及时传递到控制器，提高驾驶的安全性；在运输物品的过程中，通过将摄像头与全球定位系统（GPS）相结合的人工智能技术，实时传输车辆的具体位置，确保车辆运输线路的精准性。此类人工智能产品是人工智能技术与基础设施建设、运输装备研发和运输服务的深度融合，对提升交通运输治理能力和现代化水平具有显著的作用。

(3) 其他相关领域

人工智能产品还分布在教育、农业、通信、社会治安等领域。其中，农业领域中有很多依托于人工智能技术的产品，例如农作物状态实时监控软件、专门用于喷洒农药的无人机、人工智能除草机器人等。通过使用这些人工智能产品，有利于从实质上提高农作物的产量，减少人工成本和时间成本，提升各个流程的工作效率，为农业生产的高效、持续、稳定发展提供巨大的推动力。在通信领域，人工智能的主要应用是对网络的控制、管理和维护，最典型的通信类人工智能产品是网络异常流量检测系统。在社会治安领域，存在可以进行实时数据调查分析的安防系统，以及能够进行人脸识别的监控系统，这在一定程度上减轻了公安人员的工作压力，有效地改善了社会公共安全的现状，对维护社会稳定、促进社会和谐而言，具有十分重要的意义。

(二) 人工智能产品的分类

现如今，我们处于人工智能高速发展的时代，人工智能技术已广泛地应用于医疗、交通、教育、农业、通信和社会治安等各个行业。随着人工智能产品的发展与普及，在它们带来科技便利的过程中，也会对人类造成一些不可避免的伤害。例如，外科手术机器人进行手术时，引发医疗事故而导致病人死亡；自动驾驶汽车因无法识别障碍物而引发交通事故，甚至造成人员死亡的惨痛结果。由此可见，健全科技法律制度，可以促进和保障人工智能的发展。在弱人工智能时代，人工智能尚不能脱离人们的控制，其需要在程序框架下完成人类预先设定好的一系列任务。但当我们逐渐迈入强人工智能时代，人工智能产品被人们逐渐赋予了更多的技术能力和行为表现，具备了一定的独立性，而且其自身系统能够拥有自我学习与调整的能力，这种能力甚至在某些程度上脱离了人类的控制，这导致不同类型的产品呈现出更为复杂的侵害行为。

1. 人工智能医疗产品

在"人工智能+"时代，人工智能技术在医疗领域也得到了深度应用，从传统医疗到智慧医疗的转化过程中，人工智能医疗产品应运而生。人工智能医疗产品包括人工智能医用软件和人工智能医用硬件。其中，人工智能医用软件是指采用人工智能技术，对基于医疗器械产生的客观医疗数据，进行分析和处理以实现其医疗用途的独立软件。人工智能医用硬件主要体现为医用机器人，这也是侵权责任研究的重要对象。人工智能医疗产品确实为大众提供了便利，但人工智能医疗产品侵权的案件也让大家不得不进行法律层面上的思考。

为了缓解医院人满为患的现状，用于医院的医疗或辅助医疗的机器人的需求大大增加。医疗机器人的种类有很多，根据使用场景、使用功能以及服务对象的不同，大致分成了四类：手术机器人、康复机器人、辅助机器人和服务机器人。目前，争议最多的是运用于外科手术过程中的手术机器人。例如，著名的"达芬奇手术机器人"也曾在手术操作过程中出现意外事故，导致病患死亡。学界就曾将"达芬奇手术机器人"作为研究对象，力求解决侵权责任认定和责任主体等方面存在的问题。

学界将人工智能医疗机器人分为有人操作和无人操作两种类型，其责任主体的划分也有着很明显的差别。笔者认为，针对人工智能医疗产品侵权产生的法律问题，首先要探寻人工智能产品是否具备主体资格，进而探究其承担的具体责任。目前，针对人工智能产品的法律人格，学界总体上持三种态度。一是"肯定说"，又称"主体说"，该观点认为应当承认人工智能具有法律人格，但应同时明确其法律人格的局限性。部分学者认为，人工智能产品若能够有独立的意识和意志，即具备了法律主体资格条件。二是"否定说"，又称"工具说"，该观点主张人工智能只是人类的工具，具有辅助人类完成特定工作的目的，而非具有生命的自然人或法人；加之目前尚处于强人工智能的初期阶段，人工智能产品的发展水平不足，不具备相应的主体资格要件，所以尚不足以取得独立的主体地位。三是"折中说"，该观点主张按人工智能产品的智力程度进行区分。其中，智力程度低的产品主要是单一地实施人类指令的功能型机器，这类产品仍是人类的辅助工具，不具有法律人格；而智能程度高、发展完全的人工智能产品具备相对独立的意志，拥有综合智能元素，并能脱离人类控制，进行自主行为，故应当赋予其相应人格，同时明确这种法律人格具有特殊性，以区别于传统意义上的自然人人格与法人人格。针对不同类型的医疗机器人，其法律人格的认定也存在天壤之别，具体法律人格认定及承担的侵权责任将在下文予以详细分析，此处不再赘述。

2. 自动驾驶汽车

人工智能汽车的侵权问题一直备受学界和大众关注。作为人工智能自动化工具，自动驾驶汽车可以不需要人类操作，即能感应到周边环境，依据人工智能、视觉计算、雷达、监控装置和卫星定位系统等协同合作，引导车辆行驶至目的地。人工智能汽车是指将人工智能和汽车制造技术相结合的产物，是一种高级别的自动驾驶汽车，其在传统汽车的基础上发生了质的飞跃。虽然自动驾驶汽车的设计初衷是保障驾驶者的安全，避免交通事故频繁发生，但自从其面世后，其实际效果与初衷似乎有些背道而驰。此类汽车引发的交通事故频繁发生，不仅降低了公众对人工智能汽车的信任度，还让学界对事故的责任承担等法律问题展开了深度讨论。

追根溯源，解决人工智能汽车侵权问题的核心要点就是自动驾驶汽车应如何承担责任，而如何承担责任的前提就是确认相关责任主体。目前《中华人民共和国道路交通安全法》（以下简称《道路交通安全法》）对机动车的侵权行为作出了具体的规范，但并没对机动车赔偿责任的主体进行具体规定。尤其在自动驾驶汽车领域，汽车的所有人或使用人都无法支配汽车，驾驶任务全部或部分由驾驶系统来承担，所以要想找出自动驾驶汽车的担责主体就需要分等级进行具体分析。

一直以来，我国所遵循的自动驾驶级别，基本上是以美国的SAE自动驾驶分级为标准，随着我国政府对人工智能领域的重视以及相关企业不断在该领域投入大量的人力、物力、财力，业内对制定符合我国自身自动驾驶领域的安全等级标准十分憧憬。在此背景下，我国结合自身标准制定了自动驾驶等级分类标准——《汽车驾驶自动化分级》推荐性国家标准，并于2022年3月1日起实施。基于驾驶自动化系统在执行动态驾驶任务中的角色分配，以及有无设计运行条件限制等，《汽车驾驶自动化分级》规定自动驾驶汽车将以五个要素为主要依据，划分为0~5共六个不同的等级（见表1-1）。该标准的出台，使各企业能更有针对性地研发、部署技术，也将为后续自动驾驶的相关政策、法规、条例的制定及出台提供支撑。

表1-1 驾驶自动化等级与划分要素的关系

分级	名称	车辆横向和纵向运动控制	目标和事件探测与响应	动态驾驶任务接管	设计运行条件
0级	应急辅助	驾驶员	驾驶员及系统	驾驶员	有限制
1级	部分驾驶辅助	驾驶员和系统	驾驶员及系统	驾驶员	有限制
2级	组合驾驶辅助	系统	驾驶员及系统	驾驶员	有限制
3级	有条件自动驾驶	系统	系统	动态驾驶任务接管用户（接管后成为驾驶员）	有限制
4级	高度自动驾驶	系统	系统	系统	有限制
5级	完全自动驾驶	系统	系统	系统	无限制*

＊排除商业和法规因素等限制。

由上表可知，0级称为应急辅助，驾驶员能够掌握驾驶权，系统可感知环境，并提供报警、辅助或短暂介入驾驶等功能，此阶段以人类驾驶员为主导。1~3级属于半自动状态，智能系统成为驾驶的主力，但"目标和事件探测与响应"由驾驶员与系统协作完成，此阶段的考量因素主要包括驾驶员的控制能力和智能系统的决策和理性。4~5级属于高度自动化驾驶阶段，在驾驶过程中，智能系统已经全面接管驾驶工作，人类驾驶员仅有管理权限，此阶段容易出现产品生产不合理的缺陷以及"技术黑箱"的问题。

虽然目前自动驾驶汽车还有一些自身的问题尚待解决，但它的发展对社会、驾驶员和行人的影响是显而易见的。自动驾驶汽车的交通事故发生率在理论上几乎可以下降至零，在受人工驾驶汽车交通事故发生率影响的前提下，随着自动驾驶汽车市场份额的增长，其也会在理论上使整体交通事故发生率有所下降。自动驾驶汽车的行驶模式可以更加节能高效，交通拥堵以及交通尾气造成的空气污染将有所减弱。毋庸置疑，自动驾驶在国内外都是提升道路交通智能化水平、推动交通运输行业转型升级的重要途径，也是带动交通、汽车、通信等产业融合发展的有利契机。

3. 其他人工智能产品

人工智能技术的应用领域十分广泛，自人工智能兴起后，市场上就出现了很多类别的人工智能产品。在人工智能技术的覆盖范围内，不同级别的人工智能产品的信息收集器也大不相同,这也就意味着它们所具备的自主思考、自主判断、自主开启传感器的功能也存在很大差异。按其不同场景的需求程度,可以将人工智能产品分为以下三类。

(1) 智能家居类产品

近年来,随着人工智能技术向家居场景渗透,智能家居类人工智能产品已为大众所接受,智能、舒适、节能、个性化的智能家居环境成为很多人的追求。智能家居是以住宅为平台,利用综合布线技术、网络通信技术、安全防范技术、自动控制技术及音视频技术等,将家居生活中的有关设施集成,构建起高效的用于住宅设施与家庭日常事务的管理系统,进而提升家居的安全性、便利性、舒适性和艺术性,打造出环保节能的居住环境。经过多年的发展,智能家居产品逐渐摆脱通过手机远程控制和多产品互联的繁杂阶段,开始与人工智能深度融合,实现自主学习、主动记忆和自主决策,从而为家居空间中的用户提供个性化的服务。此类产品包括扫地机器人、智能门锁以及智能监控摄像头等。

(2) 智能服务类产品

智能服务类产品体现了服务业与人工智能技术的强强联合,为人们的生活提供了极大的便利条件。人工智能技术克服了因缺少数据而导致的集合分析和范围小这两个难题,在数据分析、整体管控、自主或辅助决策以及专业知识反馈等方面提供有效的支持,从而更高效地为用户提供智能化的个人服务。服务领域中的人工智能产品有智能教育机器人、法律智能机器人和送餐机器人等。

(3) 智能金融类产品

尽管已有数以万计的商户入驻电子商务平台,但鉴于商品多种多样,用户在浏览商品时很难找到目标商品,所以平台往往会依托云计算,构建起科学的商品推荐系统。通过智能系统,平台能够读取用户购买商品、浏览商品的记录,能根据用户的喜好以及购买记录进行信息加工并随之推荐,这不仅有助于营销推广,还可以提升用户的购买效率,提高成交率。同理,金融类人工智能产品能够让系统风险的预判更加科学,通过产品构建的金融风险监督管理模型,对金融行业承受风险的能力加以判断,能够最大限度地降低金融行业的各项风险。例如，金融领域中的人工智能产品有 AI 交易员和智能投资顾问等。

（三）人工智能产品的价值

2020 年，百度董事长兼首席执行官李彦宏先生在《人民日报》发表关于人工智能的署名文章——《"新基建"加速智能经济到来》，① 再次点燃了人们对于探索人工智能的热情，并意识到其背后存在的巨大的商业价值。人工智能是一门极富挑战性的科学，人工智能研究的主要目标是生产出一种产品，使其能够胜任一些只有人类智能才能完成的复杂工作，并可持续地创造可观的经济效益，提升工作效率，节约成本。更重要的是，人工智能产品的研究，有助于人类认识自身智能的形成过程。随着人工智能产品的发展，我国的经济水平获得了有效提升，国内也逐渐出台相关政策和法规，从而全方位地保障人工智能产品在市场环境下的合理运作。此外，人工智能产品的出现还指导着各个行业的技术发展，跨行业的应用会让人工智能技术全方面地带动多领域学科的共同发展，由点到面，有效地推动了经济发展的步伐。人工智能产品在生活和工作领域上的普及和应用，是未来发展的主流趋势。人工智能技术在征服人类社会面临的医疗、能源、环境等领域的问题上，提供了颠覆性的发展机遇，遍布于各行各业的人工智能产品，亦对社会经济和生活产生了极大的影响。

1. 人工智能产品的技术研究

人工智能产品的核心技术主要依据算法模型，而算法模型的核心是通过记住神经网络系统数据并进行相应的反馈，神经网络系统需要具备超强的数据分析能力和判断能力。人工智能产品的技术是通过提升分析和计算数据的能力，从而对大数据背景下的知识表达、语言处理、计算机视觉等情况进行技术突破，从而促进人工智能技术的发展。

人工智能产品的关键技术颇多，主要有 BP 神经网络、支持向量机和 K 均值聚类，前两者属于有监督技术，后者属于无监督技术。有监督技术，可

---

① 李彦宏：《"新基建"加速智能经济到来》，载《人民日报》2020 年 5 月 8 日，第 5 版。

以充分地利用人工智能先验知识，构建起一个功能健全的数据分析模式，并针对这个模型进行监督训练和学习，提高模型应用的普适性，进而改进数据分析的精确度。无监督技术则不需要采用任何先验知识，其主要通过数据分析模型自动化地进行信息挖掘，从而构建起一个学习模式。此类技术已经在语音识别、文本检索产品中，得到了广泛应用。[①] 下文对 BP 神经网络、支持向量机和 K 均值聚类进行重点讲述，并分析这些技术的优点和应用趋势。

（1）BP 神经网络

BP 神经网络是一种基于生物学、神经学等多门学科的人工智能技术，是一种按照误差逆向传播算法训练的多层前馈神经网络，它可以模仿人的大脑神经系统，建立起一个有规律的计算模式，进而将多个神经网络节点集成并构成一个系统，其可以模拟人脑功能，在给定初始数据时得到最接近期望输出值的结果。BP 神经网络实际应用于函数逼近、模式识别、分类和数据压缩等方面，是应用最广泛的神经网络模型之一。目前，BP 神经网络也在不断更新迭代，已经在语音识别、图像处理、视频追踪等方面有了更为深度的运用。

（2）支持向量机

支持向量机是一种按照监督学习方式对数据进行二元分类的广义分类器，此项技术能够为用户提供非常强大的性能体验。支持向量机可以实现统计分类和回归分析，给定一组数据向量，将目标向量映射到更高维的空间里，通过在空间内扩大平行超平面之间的距离或差距，将分离器的总误差缩小。支持向量机在空间数据建模、地图信息分析等领域得到应用，更好的建模信息处理功能可以保证人工智能产品数据分析的可靠性和完整性。此项技术在模式识别类功能产品中应用率极高，包括人像识别、文本分类、生物信息学应用等。

（3）K 均值聚类

此算法是一种迭代求解的聚类分析算法，其步骤是将数据分为 K 组，随

---

① 赵楠、缐珊珊：《人工智能应用现状及关键技术研究》，载《中国电子科学研究院学报》2017 年第 6 期，第 590－592 页。

机选取 K 个对象作为初始的聚类中心，然后计算每个对象与各个子聚类中心的距离，将每个对象分配给距离最近的聚类中心。每分配一个样本，聚类中心就会根据聚类中现有的对象被重新计算，这个过程循环往复，直至满足某个终止条件，得出正确的运算结果。这种人工智能技术既不需要先验知识，也不需要指定数据对象的归属标签，而是通过数据内部的磨合链接在一起，识别数据的隐含模式。该项技术已经在医学图像处理、金融数据分析、文本信息检索、药物利用等人工智能产品中得到广泛应用。

2. 人工智能产品的发展机遇

随着科学技术的井喷式发展，更多的人工智能产品进入大众的视野之中，人工智能技术概念和产品业态落地生根，快速迭代。技术的发展动力是为人类服务，人工智能技术也在长时期的创新发展和技术积累的过程中，为大众提供便利，人工智能产品更是广泛地融入我们的日常生活。例如，语言识别软件，大大减少了文字处理的工作量，提升了文字工作者的工作效率；人脸识别系统，能够快速锁定嫌疑人，让城市更加安全。

从另一个角度看，人工智能技术，其实是人体大脑与认知科学技术的应用和转变，是社会发展和进步的必经之路。作为科技和市场之间的桥梁，人工智能产品是人工智能时代的基础。在科技蓬勃发展的背景下，云计算、物联网、大数据和人工智能等技术的融合，实现了知识、信息、资源的高效率共享和传输，改变了原有产品的时空局限，打破了固有模式下传统产品的壁垒。作为一种新产品形态，人工智能产品及时与市场需求匹配，立足于基本并进行了二次研究和开发。随着人工智能时代的发展，人工智能产品会更加以服务人民生活为宗旨，降低成本，更好地服务于人民生活。

3. 人工智能产品的风险挑战

在人工智能时代下，人工智能产品相继问世，给人们的工作和生活带来一定的便利，但其处于新兴产物的发展时期，势必会递增法律、道德和社会方面的风险系数。在参与制造、研发以及使用人工智能产品的过程中，权利主体之间容易产生一种新的张力，导致权利主体之间的权利和义务失去平衡。换言之，人工智能的迅速发展已经对现代社会产生了非常深入的影响，人工智能作为现阶段的朝阳产业，在其迅猛发展的同时，也带来了诸多法律问题。

在人工智能产品相继问世的背景下，我们应该理性客观地去看待人工智能行业的发展，既不能为了享受产品发展带来的红利而一味地盲目推崇，也不能因人工智能产品侵权事件的频繁发生而过度恐慌。

目前，还会遇到一个难以解决的现实问题，即从某种角度来看，智慧程度极高的机器虽然属于高科技产物，但也可能冲击人类社会已有的法规制度及运行规则。当下很多西方发达国家对该问题形成了初步认识，并进行积极应对，但国内尚缺少该方面的研究。由此，笔者认为，我国需要在社会科学和人文科学层面加大对人工智能的研究力度。

任何问题的讨论都必须基于特定的时代背景，既不能太保守落后，也不必过于超前，只有牢牢把握当下我们所处于并将长期处于的人工智能的发展阶段，才能打开人工智能与法律的理性视域。就现阶段的人工智能产品而言，无论机器多么智能，也不可能像人类一样具有自我意识和感情色彩，它依旧是一个辅助人类的智能化工具。面对充满智慧的"工具"以及"工具"快速发展带来的诸多潜在危险，立法者需要有所行动，通过加强立法、及时立法，用权威的手段来更好地把控科技发展带来的潜在威胁。我们要充分地利用法律手段，建立人工智能侵权责任承担机制，即在人工智能非主体性的前提下，对不同类型的人工智能产品设定侵权责任承担的法定主体，并在证明责任时，根据不同案情进行具体分析，确立特殊的人工智能侵权责任承担方式，从而为人工智能的健康发展提供科学有力的法律保障。

第二章

人工智能医疗侵权责任研究

一、人工智能医疗侵权责任的归责原则

（一）从人工智能强弱性角度划分

归责原则主要解决责任归属的问题，是《中华人民共和国民法典》（以下简称《民法典》）侵权责任编的核心所在。就目前而言，人类社会正经历着弱人工智能向强人工智能的过渡时期，基于其技术的不同发展程度，适用的归责原则自然也有所不同，弱人工智能的医疗侵权责任归属问题尚可用现行法规制，但强人工智能基于其自主性而呈现的复杂样态，令人们一时间无所适从。

1. 弱人工智能的归责原则

过错责任原则是侵权责任体系中最基本的归责原则。在智能时代发展的初期，人工智能扮演着辅助工具的角色，与医疗器械的定位无异，其行为可视为医生诊疗活动的延续，可以有差别地适用《民法典》中的相关规定。医务人员在诊疗过程中因存在过错（或者在法律规定的特殊情形下，无论有无过失）而造成患者一方的损害时，应当适用过错责任原则，即以医务人员的过错作为其承担侵权责任的条件。当利用弱人工智能进行诊疗活动时，由于其不具备成为法律主体的条件，医务人员需尽到监管注意义务。若未尽此注意义务，造成患者一方的损害结果，则推定医务人员具有过失，即诊疗行为与损害结果之间的因果关系成立，构成医疗损害责任，此时医疗机构作为替代责任承担者，需承担赔偿责任。若医务人员在诊疗过程中尽到了合理诊疗义务，即依据现有的医学认知程度，即使医务人员尽到了合理注意义务，损害结果也依旧无法避免，则医务人员不具有过错，医疗机构就无须承担医疗损害责任。除过错责任原则以外，无过错责任原则同样在弱人工智能时代应用较广。学者们将人工智能视为医疗产品，医疗事故多是由其存在的缺陷造成的。若人工智能在生产设计环节存有缺陷，那么生产者是直接的责任承担主体，而医务人员由于对人工智能的设计技术的认知程度较低，且未参与过人工智能的生产过程，因此无须承担因产品缺陷造成的医疗损害责任。为了督促生产者提高生产环节的注意义务，需严格按照国家统一的安全标准进行生产活动。同时，应注意的是，依据我国《民法典》的相关规定，对产品的生产者应当适用无过错责任原则。

2. 强人工智能的归责原则

随着人工智能的逐步自动化、智能化，在诊疗过程中，医务人员已无须直接操作人工智能，甚至无须对人工智能运行的环境状况进行干预，但一旦人工智能因发生事故而造成患者人身或财产损失，医务人员既无主观上的过错，也与损害结果无因果关系，那么此时的过错责任原则是否还能适用呢？过错责任原则的判定一般以侵权人主观上"应知"或"明知"的注意义务为准则，而人工智能做出的行为并非源于人类的操控，甚至可能是其基于自身思考后做出的决定，那么此时若还适用过错责任原则，似有不妥。由此可见，强人工智能时代下的人工智能产品可以实现无人化操作，使得医务人员无须负有主观上的注意义务，进而导致过错责任原则变得有些难以适从。① 既然上述情境中难以用过错责任原则来追究医务人员和医疗机构的责任，那么可否追究人工智能的生产者、销售者等相关主体的责任呢？现行法律规范出于保护消费者权益的原则，对产品责任适用无过错责任原则。但对于医疗侵权的问题，有的学者持不同观点。例如，基于人工智能所具备的技术特点，杨立新教授主张采用"技术中立"原则，即技术自身一般不会产生责任，也就是对于人工智能技术引起的侵害，医务人员除自身过错外，均可免予责任的归责，而生产者、销售者也无须承担责任，除非该人工智能被设计的目的即是实施侵害。② 显然，一方面，"技术中立"原则与现行法中的部分规定有所区别，

---

① 严义挺：《技术、构罪与证明——"互联网+"语境下诉讼的"+互联网"性》，载《上海政法学院学报（法治论丛）》2017年第3期，第97—112页。

② 杨立新：《侵权责任法》（第三版），法律出版社2018年版，第129页。

尽管生产者承担无过错责任更符合现行法律原则，但并不等同于将人工智能与医疗器械的概念画上等号；另一方面，"技术中立"原则让生产者无须适用严格的无过错责任原则，这无疑会提高生产者的积极性，但不利于维护被侵权人的利益，进而可能影响社会安定。

（二）从涉及的两方主体划分

人工智能发生医疗侵权一般是由两种行为引起的：一是人类的行为；二是强人工智能的自主性行为。人类一般都具有财产基础，当发生医疗侵权时，作为责任主体的责任医生可以承担相应的侵权责任。随着强人工智能的智能化程度逐步提高，其被赋予独立法律人格的呼声日益强烈，但人工智能缺少承担责任的财产基础，使其在一定程度上受到限制。基于人类行为产生的人工智能医疗侵权又是多种多样的，既可能是人类医生操作弱人工智能不当而造成患者损害，又可能是弱人工智能本身存在缺陷而使患者受到损害，也可能是其他侵权人制造病毒造成人工智能系统故障而使患者受到损害。因此，在对人工智能进行医疗侵权归责时，需要进行区分：一是人类行为造成损害结果使得人类作为侵权主体时，将生产者、销售者、医疗机构或其他侵权人适用差别化的责任原则；二是基于强人工智能的自身行为造成损害时，将人工智能与人类的归责原则进行区别对待。

1. 由于人类行为造成侵权的归责原则

笔者认为，在因人类原因造成的人工智能医疗侵权损害中，遵循承担责任的大小与人工智能系统的自主性程度成反比的原则，更为合理。《民法典》侵权责任编没有直接对设计者规定归责原则，但是从理性经济人的角度考虑，任何行为的做出必定带有利益的属性。[①] 溯本根源，设计者对人工智能的缺陷具有最根本的过失，且该设计缺陷的事实很难由其他主体查明，因此对设计者适用无过错责任原则，可以督促设计者提高注意义务，使其设计符合医疗安全要求。生产者是否依据技术规范进行生产，直接关系着人工智能的运行质量，应当适用无过错责任原则。无论是强人工智能还是弱人工智能，生

---

① 许辉猛、王飞翔：《人工智能侵权责任认定》，载《长安大学学报（社会科学版）》2018年第4期，第61页。

产者都承担了人工智能步入社会之前的启蒙角色,最终生产者是主要承担者,对质量有最终和最重要的控制力,① 因此由于最终生产者的质量控制检测失误造成医疗损害的,最终生产者的过错责任自然也就最大。相比于设计者、生产者,销售者、使用者或管理者属于人工智能正式投入社会使用后的交付与应用层面,他们对于人工智能的基本运作原理的了解并不那么专业,对人工智能侵权行为的影响较小。他们并不介入人工智能的设计与生产过程,也不掌握程序或指令,因而无须对人工智能的自身缺陷承担责任,仅需在各自的注意义务范围内承担有限的过错责任,如交付前检查与验收不当、验明登记注册标识不当等方面。使用者或管理者的过错责任则主要表现为对人工智能的管理欠缺、任务分配不当等方面。就其他侵权人而言,主要以其在医疗事故中是否存在过错为判断标准。例如,行为人制造病毒侵入人工智能,导致内在程序混乱而使人工智能在医疗行为中造成损害的,也应当依据损害大小确定侵权人的过错责任。

人工智能产品因自身以外的原因而引起的医疗损害事实,可以统一划归于由人类行为引起,此时人类需要承担责任的大小与人工智能的自主性程度紧密相关。具体而言,人工智能的自主性程度越高,人类需要承担的责任越小;人工智能的自主性程度越低,人类主体需要承担的责任就越大。生产者作为人工智能进入人类社会的引路人,对人工智能系统的影响是具有决定性的,生产者将促使人工智能进行诊疗活动的程序系统注入人工智能产品内部,若在设计环节存在缺陷,生产者则负有最直接的责任,同时相较于其他责任主体,生产者对缺陷存在的事实更容易查明,因此对于生产者应当适用无过错责任原则。适用无过错责任原则可以督促生产者提高生产注意义务,严格依照国家统一的安全标准进行生产活动。而操纵人工智能的医务人员与生产者不同,他们一般不是专业的技术人员,并未参与人工智能的生产设计环节,也并不掌握系统的程序或指令,而只能依靠自己的医学常识进行基础的操作,因此无须承担因缺陷引起的产品责任,仅需承担未尽注意义务的有限过错责

---

① 高圣平:《论产品责任的责任主体及归责事由——以〈侵权责任法〉"产品责任"章的解释论为视角》,载《政治与法律》2010年第5期,第4页。

任。就其他侵权人而言，以黑客为例，其恶意利用病毒侵入系统，导致人工智能内部指令失灵，进而造成患者人身或财产损害的，也应追究其过错责任。

2. 由于人工智能自身造成侵权的归责原则

当发生医疗事故，按照制定的安全技术标准，人工智能本身不存在制造缺陷，销售者、使用者均遵循了注意义务且没有其他过错，且不能归因于他人时，只有人工智能需要对此承担责任。民事主体的行为给他人造成损害后果时，必须有让其承担侵权责任的正当理由。按照现行法律确认的三个归责原则，在强人工智能被赋予独立的法律人格的前提下，应当就其在医疗过程中的过失承担过错责任。当涉及具体责任的承担时，由于强人工智能的责任承担能力不同于人类，故需要建立适当的模式来解决人工智能进行损害赔偿的问题。

人工智能给传统侵权法律体系带来了前所未有的冲击，甚至有可能引起整个法律体系的变革。从世界范围来看，一些国家和组织已经展开了针对人工智能的立法尝试，其中就有对人工智能自身行为造成损害的归责原则和方式。这种尝试并非空穴来风，当发生医疗侵权时，若各个主体均不存在过错，即人工智能不存在生产制造缺陷，医务人员和医疗机构遵循了注意义务，其他主体对损害的发生也无不当行为时，只有人工智能是医疗事故发生的因素。强人工智能最大的特点在于，其不仅可以独立地进行诊疗活动，还可以自主地分析判断疾病结果。鉴于法人可以成为独立的法律主体，对于人工智能而言，也可进行参照，即在强人工智能被赋予独立法律地位的前提下，发生医疗侵权时，应当由其承担医疗过程中的过错责任。不过，强人工智能承担责任缺乏一定的财产基础，相较于人类来说，其承担责任的能力较弱，因此还需建立相应的损害赔偿分散机制以辅助其实施。

二、人工智能医疗侵权责任的构成要件

侵权损害赔偿责任的构成必须具备一定的条件，这些条件就是侵权损害赔偿责任的构成要件。符合医疗侵权责任的构成要件是人工智能构成医疗侵权责任的前提，对构成要件进行分析，既可以对人工智能医疗侵权责任进行更深入的研究，也是完善医疗侵权责任法律规制的应有之义。

从《中华人民共和国民法通则》（已失效）开始，我国侵权责任法通常规定侵权行为由四个要素组成：①损害事实的客观存在；②损害行为的违法性；③违法行为与损害事实之间的因果关系；④行为人的主观过错。行为要在法律上构成一般侵权，这四个要件缺一不可，否则就无法认定侵权成立。在侵权行为的构成要件均满足的情况下，按照逻辑链条，侵权责任自然发生。但如果出现免责事由，则会切断侵权行为与侵权责任之间的逻辑链条。

虽然关于确立人工智能医疗设备主体地位的争论不断，但不可否认的是，根据《民法典》侵权责任编的规定，解决医疗侵权应适用医疗损害责任的有关规定，故人工智能医疗设备参与的医疗纠纷也应按照医疗损害责任的相关规定予以处理。《民法典》侵权责任编的医疗损害责任中，包括了医务人员的侵权行为，以及医疗器械造成患者的身体、精神、财产损失的情况。对于医务人员造成的侵权，其侵权责任的构成要件为：存在侵权医疗行为、存在医疗损害事实（损害结果）、行为与结果之间存在因果关系，以及医务人员存在过错。而医疗器械损害责任的构成要件为：医疗器械存在缺陷、须有患者人身损害的事实、缺陷与结果之间存在因果关系。同时，由于医疗器械为产品，故对其应适用无过错责任原则予以归责。

如果将医务人员的侵权行为视为一种"失误"或"过错"行为，那么是否可以将医疗器械的"缺陷"也视为医疗设备的一种"失误"呢？当然这样的类比似乎有拟人之嫌，即将"医疗器械"等同于"医务人员"。但不可否认的是，现阶段最先进的人工智能医疗设备已经具有一定的自主性，通过深度学习、数据采集和分析，可以归纳总结出"规律"，并在诊疗服务过程中运用该规律。这样的自主性也许无法与人类相提并论，但是在研究有医疗机器人参与诊疗的医疗侵权事件时，基于医疗机器人的自主能力，在一定范围内把"医疗机器人"的行为与"医护人员"的行为进行统一分析，将有利于在分析中区分医疗机器人产品因缺陷造成的侵权和自主学习后因认知变化造成的侵权，也有利于辨明医疗机器人和医务人员的诊疗行为对于损害后果的作用。同理，"过错"本是对意识支配下行为的整体评价，此处将医疗机器人的行为与"过错"挂钩，并不当然表明医疗机器人具有"意识"，而只是肯定医疗机器人的自主性。医疗机器人依据本身程序与深度学习的特点，可能做出人类在设计之初无法预测的"行为",故在现有的医疗技术水平和社会伦理道德标准的双重评价下,如果将其行为评价为"错误的""消极的""违反社会期待的",那么该行为可视为医疗机器人的错误行为,医疗机器人对由该行为导致的损害后果存在"过错"。在我国现有的法律体系下,医疗机器人仍属于医疗器械范畴,应该适用产品责任,但其"自主性"又的确将其与"刻板"的产品相区别,针对医疗机器人是否应当适用"严格责任"这样的归责原则实则是存在争议和调整空间的。所以,在医疗机器人侵权责任方面,笔者认为,其构成要件可以包括医疗机器人存在侵权行为、有损害结果、侵权行为与结果间有因果关系,并在分析此构成要件的基础上,探讨医疗机器人侵权归责原则的选择。

(一)责任主体

无论是弱人工智能还是强人工智能,由于人工智能本身以外的原因造成的医疗损害,依据《民法典》侵权责任编以及《中华人民共和国产品质量法》(以下简称《产品质量法》)的相关规定,侵权责任主体均包括生产者、销售者;同时,基于人工智能技术中程序设计的重要性,以及设计者与生产者可能不属于同一主体的情况,还需要考虑增加设计者为责任主体。[①] 弱人工智能在诊疗活动中,需要人类医生进行操作或者发布指令,且其不具备法律主体地位,因此在弱人工智能医疗侵权事件中,责任主体还包括操作者。现有相关法律条文的规制对象都是人的行为,尚没有将侵权责任分配给强人工智能这种具有特殊法律地位的主体。强人工智能具备民事法律主体地位的一般条件,当医疗侵权损害发生时,其应享有与生产者、销售者、使用者同等的法律地位。

与弱人工智能相比,强人工智能不再是供人类控制的被动型工具,其有能力进行完全自主的行为,具有新的机器范式,即不需要人类介入或者干预的"感知—思考—行动"。[②] 尽管强人工智能由人类进行设计、制造和部署,但

---

① 杨立新:《用现行民法规则解决人工智能法律调整问题的尝试》,载《中州学刊》2018年第7期,第47页。

② 司晓、曹建峰:《论人工智能的民事责任:以自动驾驶汽车和智能机器人为切入点》,载《法律科学(西北政法大学学报)》2017年第5期,第167页。

其所进行的医疗行为不再像"达芬奇手术机器人"一样处于人类直接指令的约束下,而是基于对其获取的信息进行分析和判断。同时,在不同情境中,强人工智能所做出的反应及决策可能是设计者、生产者、使用者所无法预料或事先可控的。

当责任不能分配给人类或者必须要在强人工智能和人类之间进行分配时,我们需要厘清在具体侵权事实中承担侵权责任的主体及其界定。当强人工智能自身引起损失或者导致损害结果,且造成损失或者损害的所有责任均不能归属于流通环节、实施环节的某个或某几个主体时,强人工智能将因其侵权行为而成为责任主体。强人工智能发生医疗损害,涉及的责任主体大致分为三类:第一,由于设计者、生产者的失误造成强人工智能自诞生起即具备技术缺陷,致使其在进行医疗行为时,具有潜在的侵权可能并最终导致医疗损害后果,此时的侵权责任主体为设计者、生产者;第二,强人工智能因其具有法律主体地位,同时可能具备或者创造一定的财产,而使其本身有成为责任主体的可能;第三,强人工智能虽有自主意识性,但其从事医疗活动的场所应当是具备医疗条件的医疗机构,同时医疗活动的实施应当在医疗机构的统筹管理下进行,医疗机构因管理行为可以成为承担赔偿责任的主体。

(二) 违法行为和损害事实

侵权事故中,不仅要有违法行为,还必须因违法行为而产生一定的损害事实。

1. 违法行为

某一法律事实如果要构成侵权损害责任,必然要有一定的行为,且这种行为必须在客观上具有违法性。侵权行为违法认定是一个推理过程,事实差异则直接决定了结论的不同。

当前,弱人工智能已经在医疗活动中,开始介入医疗决策、辅助外科手术等领域。在弱人工智能医疗产品参与的医疗活动中,由合格的、准备充分的人类医生履行监督和注意义务,十分重要。在诊断活动中,尽管弱人工智能可以达到甚至超过人类医生的诊断效率和准确率,但其仍然难免会发生误诊。如果医生选择听从弱人工智能做出的错误的诊断结果,则有可能因采取不适当的治疗措施而造成损害后果。在弱人工智能做出诊断结果后，人类医生具有监督审核和做出最终决策的职责，若人类医生未尽审核注意义务，则可能造成弱人工智能诊断过失损害的违法行为。另外，在弱人工智能辅助进行的外科手术中，还存在因功能障碍或者运行错误导致的医疗损害，如生产过程中的缺陷制造行为、人类医生的错误指令控制行为都有可能成为导致损害发生的违法行为。值得注意的是，在这些情况下，除了后续追究相应的产品质量责任，人类医生还需要在损害结果发生后，及时做好介入或控制的准备以稳定病人状况，并尽可能将未尽的医疗活动继续完成，以避免或减少对病人造成进一步损害的可能性。

强人工智能造成医疗侵权损害的原因可以划分为多类事实，如研发设计环节的瑕疵、生产制造的缺陷、管理者的管理失误等。除此之外，还可能包括由于强人工智能系统自身的高度智能化、自主化而独立做出的判断与决定。① 不同的行为分别对应不同的因果关系，这直接决定了设计者、生产者、管理者等主体的责任，以及他们与强人工智能本身之间的过错比例、责任分担。相较于弱人工智能，强人工智能医疗侵权责任的构成要件中，增加了强人工智能本身的直接行为，且此种医疗侵权的损害结果可能由更多的事实交织造成，对事实认定的难度也将增大。

如何界定人工智能行为的违法性，在很大程度上取决于医生是否合格地、充分地、适当地履行了监督和注意义务。以智能医疗影像机器人为例，虽然智能医疗影像机器人可以拥有甚至超过人类医生的诊断效率和准确率，但是仍然难免会发生误诊。如果医生选择直接听从智能机器人，而不加以复核，直接得出错误的诊断结果，那么有可能因采取不适当的治疗措施而造成损害结果。所以，在智能医疗影像机器人做出参考性的诊断结果后，人类医生具有监督审核和做出最终决策职责的义务，人类医生若未尽此义务而导致损害发生，那么人类医生的行为才是最终造成智能医疗影像机器人诊断过失损害的违法行为。以智能健康管理机器人为例，患者在得到智能穿戴性设备提示后，自行诊断疾病并购买药物而导致损害发生。此时虽然智能穿戴性设备可

---

① 张童：《人工智能产品致人损害民事责任研究》，载《社会科学》2018年第4期，第106页。

能机械地根据数据给出医疗建议，但患者没有及时咨询医师就自行购买药物的行为才是导致不良后果的真正原因。而就智能手术机器人而言，其在进行诊疗活动的过程中，导致损害的违法行为可能是由智能医疗机器人的功能障碍、运行错误、生产过程中的缺陷制造行为、人类医生的指令控制行为等情况引起。在这些情况下，除追究相应的智能医疗机器人的生产者的责任外，人类医生也负有避免或减少对患者造成进一步损害的注意义务，否则即便是意外事故，医生也应该为扩大部分的损失承担相应责任。

2. 损害事实

不管是何种类型的人工智能医疗设备，构成侵权责任均须具有损害结果，即存在由于医疗活动中的违法行为而造成患者的人身、财产或其他权利受到损害的客观事实，并因权利被侵害而使患者利益受损的客观结果。如果人工智能医疗设备的行为并未造成实际的损害事实，那么将无法构成侵权责任。例如，智能医疗影像机器人所做出的诊断结果，被复核的医生所推翻，其意见不予采纳，则智能医疗影像机器人的诊断行为并没有造成实际的损害结果，其行为不构成侵权。在实务中，医疗损害事实在很多时候只能依靠相应的鉴定部门来认定，但由于目前智能医疗机器人鉴定机构的缺位，加之传统医疗机构的鉴定欠缺中立性，导致目前在医疗侵权案件中的事实认定方面，总是争议不断。

具体而言，人工智能医疗侵权的损害事实主要包括以下两种。第一，患者人身权利及利益的损害事实，其表现为造成患者人身和精神痛苦两个方面的损害。其中，人身损害体现在，由于弱人工智能的设计者、生产者、管理者或者强人工智能本身的违法行为，致使在医疗活动过程中存在因错误诊断而出现不适当的治疗方案或者治疗行为的过失，进而导致患者生命丧失、身体健康受损的结果。精神痛苦是无形的人格利益，表现在患者因健康和身体被侵害而遭受的精神痛苦，以及造成死者的近亲属在精神上的痛苦。① 第二，患者财产权利的损害事实，其表现为财产的直接损失和间接损失。其中，财产利益的损害体现在因患者的生命权、健康权、身体权受到损害而造成的财

---

① 杨立新：《侵权责任法》（第三版），法律出版社2018年版，第456页。

产利益损失。例如，患者及其近亲属为造成损害结果的医疗行为所支付的财产，或者为改变或缓解损害结果而进行的其他医疗行为所支付的财产，或者因损害结果导致患者及其近亲属无法正常工作而造成收入的实际减少。

（三）过错

在侵权责任中，过错分为故意和过失两种基本形态。故意在医疗活动中少见，其主观恶性大，一般带有故意伤害性质，在法律责任上更倾向于刑事责任，在此暂且不讨论。医疗过失主要是指在医疗活动中，从事医疗活动的主体未能提供与当时的医疗水平相当的医疗服务，或者未按照医疗伦理及良知提供诚信合理的医疗服务，未尽到高度注意义务的主观心理状态。总的来说，人工智能医疗设备侵权责任的主观要件主要是过失，该主观心态是由于对人工智能医疗设备理解不全面、使用不熟练，在操作流程或硬件养护上出现纰漏而导致的。人工智能的出现是为了创造更美好的生活，创制的底线是遵守预设的法律和道德，从人类研发人工智能的初衷出发，人类不会在预设的程序中允许人工智能以主观恶意的方式实施侵害行为。排除人类故意预设的原因，可以将人工智能实施的侵害行为看作小概率事件，而将人工智能在不受人类恶意支配情境下实施的侵权行为的主观心态归为过失，也更符合人类创造人工智能的初衷。

1. 产品责任的过错认定

对于独立完成医疗活动的人工智能医疗设备，其侵权责任类推适用于产品责任。产品责任的归责原则是无过错责任，是为了更快解决纠纷所给定的一种价值判断，但这并不意味着缺陷产品的生产者和销售者没有过错。现代社会对产品质量的规定越来越具体，如果产品不符合规定的质量要求，则产品的生产者就有过错，除非现有的科学技术无法发现。但是，产品责任确定为无过错责任，其立意是在确定侵权责任时不考察过错，即无论产品生产者有没有过错，只要受害人能够证明产品具有缺陷，就可构成侵权责任。因而，受害人不必证明产品制造者或者销售者的过错，也就减轻了权利人的诉讼负担，有利于更快捷地保护受害人的权利。

医疗过失的主体因不同发展阶段的人工智能具备不同的民事法律地位而

有所不同。由于弱人工智能在应用上更接近于人类医生的辅助工具，其医疗损害责任具有替代责任的基本特点，所以其医疗过失主体既包括人类医生，也包括医疗机构。医务人员因使用或指令过失导致弱人工智能对患者造成损害的，才能够认定医疗过失，此时的医疗机构存在选任、管理的过失。强人工智能由于其具备成为民事法律主体地位的条件，医疗过失的主体主要包括强人工智能本身以及作为管理者的医疗机构。医疗机构因选用不合适的强人工智能进行医疗活动对患者造成损害的，医疗机构存在选用过失。

2. 医疗损害责任的过错认定

医疗侵权责任主体在医疗活动中承担高度注意义务，确定注意义务的标准是当时的医疗水平。无论是对弱人工智能还是强人工智能，在认定违反高度注意义务时，应当以实施医疗行为当时的医疗水平为标准，参考人类医生对于医学的一般认知程度以及不同人工智能所能实施的医疗种类和技术水平，来确定不同责任主体应当达到的注意义务。违反这些高度注意义务，即认定存在医疗过失。

对于辅助完成医疗活动的人工智能医疗设备，其侵权责任类推适用于医疗损害赔偿责任。医疗损害赔偿责任的归责原则是过错责任，这意味着认定责任的前提必须是存在医疗过失。医疗过失是指医疗机构在医疗活动中，医务人员未按照医疗良知、医疗伦理，提供应当给予的诚信、合理的医疗服务，没有尽到高度注意义务。常见的表现形式为，采用违反医疗卫生管理法律、行政法规、部门规章、医疗规范的行为，或者未尽法定告知、保密义务等的医疗失职行为。在认定医疗损害责任的过错时，应当以当时的医疗水平作为认定违反高度注意义务的标准。医疗侵权责任主体在医疗活动中承担高度注意义务，而确定注意义务的标准是当时的医疗水平。此处采用的标准是医疗水平标准，而不是医学水平标准，因为一个理论或是一个设备，只有通过反复实践，经过经验研究的不断积累与摸索，才能形成普适性较强的医疗水平。无论何种类型的智能医疗机器人，在认定违反高度注意义务时，判定的时间节点都应当以医疗行为实施当日时间的医疗水平为标准，参考人类医生对于医学的一般认知程度以及不同人工智能医疗设备所能实施的医疗种类和技术水平，同时适当参考本地区的医疗机构资质和医务人员资质，综合考虑并最终确定不同责任主体应当达到的注意义务。因为人类对于医学的认知会随着时间的推移而变化，选择以实施医疗行为当日的医疗水平来认定高度注意义务，是合乎理性的。

（四）因果关系认定

医疗违法行为与患者的损害结果之间具有因果关系是构成医疗损害责任的必备要件。在医疗损害责任中，因果关系是联结医疗违法行为与医疗损害事实的客观要件，是判断受损害患者一方的医疗损害事实与医疗违法行为之间是否存在引起与被引起的逻辑联系的客观依据。[1] 在弱人工智能医疗产品损害责任中，因果关系不仅是判定各个责任主体的行为与损害事实之间是否具有引起与被引起的关系的标准，还是判断医疗机构、生产者、销售者是否为承担医疗损害侵权责任唯一主体的客观依据。在强人工智能医疗侵权事件中，因涉及较多的责任主体，且人工智能技术本身较为复杂，故认定因果关系是确定强人工智能及其他主体承担责任的重要前提。

人工智能作为科技进步的新兴产物，对其认定因果关系，是十分不易的事情。仅就产品责任而言，人工智能系统自身的缺陷就难以证明。按照《产品质量法》确立的原则，只要产品存在缺陷并导致损害，生产者就将承担无过错责任。[2] 而对人工智能是否存在缺陷的事实进行判断，在现实中具有很大的难度。《产品质量法》第46条规定从是否存在危险和是否符合标准两个层面出发，对产品缺陷进行了界定。[3] 人工智能技术的高度复杂性，特别是强人工智能系统的高度自主性，导致很难将侵害事实归咎于产品缺陷。另外，我国尚未制定人工智能技术在保障人身及财产安全方面的国家标准、行业标准，使得证明因果关系时缺乏权威性依据。根据现行司法解释，对医疗损害侵权是否存在因果关系，实行举证责任倒置，即由医疗机构承担医疗行为与损害结果之间没有因果关系的举证责任，采纳的是"完全推定说"的理论主张。由此，减少了受到损害的患者一方的诉讼负担，而相应地增加了医疗机

---

[1] 杨立新：《侵权责任法》（第三版），法律出版社2018年版，第493页。
[2] 杨立新：《侵权损害赔偿》，吉林人民出版社1990年版，第178页。
[3] 《产品质量法》第46条规定："本法所称缺陷，是指产品存在危及人身、他人财产安全的不合理的危险；产品有保障人体健康和人身、财产安全的国家标准、行业标准的，是指不符合该标准。"

构的诉讼压力。对于弱人工智能而言,认定构成因果关系的逻辑是,患者因接受由弱人工智能辅助或参与的医疗行为而导致损害结果,其原因在于操控弱人工智能的人类医生或者采购弱人工智能的医疗机构存在过失违法行为。对于强人工智能而言,导致损害结果的直接原因是强人工智能自身的医疗违法行为,而造成强人工智能实施损害行为的原因无论是设计过失、制造缺陷还是管理过失,因果关系的证明难度都因强人工智能运行过程的复杂性而增大。采纳"完全推定说"认定强人工智能的因果关系,将会极大地增加医疗机构的举证难度,使医疗机构背负过重的赔偿责任压力,不利于医疗事业的积极发展。

实践中,对一般侵权行为因果关系的判断十分复杂,更遑论人工智能医疗设备侵权,因为它包含医疗损害和"技术黑箱"两个因素。认定行为与结果之间的因果关系的难度很大,不仅要过滤无关行为,让行为人只为自己的行为负责,还要合理地截取因果关系链条,控制责任范围,避免人们为遥远的结果负责,维护合理的行为自由。当医疗的复杂性和技术的未知性混杂在一起,认定人工智能医疗设备侵权行为的因果关系的难度无疑会变得更大。

1. 产品责任的因果关系认定

传统理论上,把产品缺陷作为产品责任的前提,产品缺陷包括设计缺陷、制造缺陷、警示缺陷和跟踪观察缺陷。将产品缺陷进行拆分,明确各阶段主体在各自阶段对应的义务,各个主体如违反义务,则有可能构成产品责任。判定因果关系的前提是认定人工智能医疗设备存在缺陷,这在技术上存在很大的难度。一方面,关于人工智能医疗设备的法律法规的数量稀少,行业协会尚未制定有关人工智能医疗设备的行业标准或规范,智能医疗行业整体还在"野蛮生长"中。另一方面,智能医疗机器人有很强大的自主学习能力,人类必须克服技术阻碍,区分智能医疗系统得出的诊疗结果是出厂设置还是后天自主学习的结果,这一点对于认定因果关系至关重要。

2. 医疗损害责任的因果关系认定

医疗损害责任的因果关系的认定核心在于医疗鉴定,但患者通过医疗鉴定得到有效结论的难度较大。首先,患者缺少相应的知识储备,且诉讼一般需要完整的医疗逻辑证据链,患者完成相应举证的难度大。其次,患者很难获取相关诊疗资料，这些内部资料一般都由医院保管，不易获取。再次，医疗事故的鉴定一般是由地方医学会组织完成，其成员一般都是一线人员，这样容易让患者产生同事之间相互鉴定的误会，由此很难说服患者接受鉴定的公平性。最后，在实践中，由于鉴定资料不齐全、医学认知水平有限及患者损害较为特殊等因素，鉴定机构无法对医疗过错与损害后果之间的因果关系进行明确判断，此时鉴定机构就会不得不出具"无法判定因果关系"的鉴定意见。

三、人工智能医疗侵权责任的免责事由

免责事由是针对承担民事责任的请求而提出的，又称为免责或减轻责任的事由，抑或叫作抗辩事由。① 人工智能推动了医疗水平的进步，我们应当在法律层面保障其发展，但同时也应当保障受害者能得到损害赔偿。当两者在价值取向上发生冲突时，应当引入价值平衡理论，适用免责事由。② 免责事由不仅可以适用于一般的医疗侵权案件，还可以适用于人工智能医疗侵权。在侵权行为构成要件成立后，如果不存在免责事由，侵权责任则理应产生。换言之，对于免责事由的认定，应是认定侵权责任的最后一道关卡。

（一）产品责任的免责事由

对于独立完成医疗活动的人工智能，其侵权责任类推适用于产品责任。产品责任的免责事由已经在《产品质量法》中明文规定，即当且仅当以下三种特殊情形出现时，对生产者予以免责：其一，产品未投入流通；其二，产品投入流通时，造成损害的缺陷不存在；其三，将产品投入流通时，当时的科技水平尚不能发现该缺陷的存在。而在产品责任的免责事由中，值得重视的是发展风险抗辩制度。所谓发展风险抗辩是指，高科技产业在其发展过程中，因现有技术所限，对于超出现有技术所导致的损害，生产者免予承担责任。很多时候，受制于现有的科学技术水平与认知，我们并不能发现也无法规避某些缺陷。这个时候虽然会造成部分利益损失，但同时人类也会因技术

---

① 王利明、杨立新、王轶等：《民法学》（第五版），法律出版社2017年版，第898页。
② 李坤海、徐来：《人工智能对侵权责任构成要件的挑战及应对》，载《重庆社会科学》2019年第2期，第63页。

发展而进步。在我国,产品责任归责原则采取的是无过错原则,只要产品有缺陷且因为缺陷造成他人损害,则不论生产者在主观上是否存在故意或者过失,都应该为损失承担责任。随着科学技术的快速发展,我们不能以 21 世纪的科技水平去要求 20 世纪的产品质量,只有当产品实际投入市场后,消费者存在接触的可能,存在以当时技术水平可以弥补的缺陷时,才可能讨论法律责任问题。

(二) 医疗机构的免责事由

《民法典》第 1224 条①对医疗机构免除责任的法定事由进行了规定,除此之外,《医疗事故处理条例》第 33 条②也作出了原则性的规定。人工智能应用于医疗的目的与一般医疗活动的目的相同,都是救治患者,维护人类的生命权、健康权、身体权,因此人工智能导致的医疗损害同样可以适用免责事由。我国现行法律规范中,对于医疗机构免责事由的规定,主要有以下五种情形。

第一,患者或者其近亲属不配合医疗机构进行符合诊疗规范的诊疗。亦即,患者一方不配合医疗机构的诊疗活动,医务人员对损害事实的发生没有过错,损害结果是由于患者一方的过错导致的,医疗机构可以免责。在医疗机构完全按照诊疗规范制订了相应的诊疗方案的前提下,得到患者及其家属的配合是使诊疗方案得以付诸实践、发挥作用的必要条件。不论是由人类医生操控弱人工智能还是由强人工智能独立进行诊疗活动,如果由于患者及其家属的原因导致治疗方案无法顺利实施,进而造成患者的损害结果,那么患者一方在主观上是具有过错的。如果损害后果完全由患者及其家属延误治疗造成,那么根据过错责任原则,医疗机构对造成的损害结果没有过错,应当免除医疗机构的赔偿责任。

---

① 《民法典》第 1224 条规定:"患者在诊疗活动中受到损害,有下列情形之一的,医疗机构不承担赔偿责任:(一)患者或者其近亲属不配合医疗机构进行符合诊疗规范的诊疗;(二)医务人员在抢救生命垂危的患者等紧急情况下已经尽到合理诊疗义务;(三)限于当时的医疗水平难以诊疗。前款第一项情形中,医疗机构或其医务人员也有过错的,应当承担相应的赔偿责任。"

② 《医疗事故处理条例》第 33 条规定:"有下列情形之一的,不属于医疗事故:……(二)在医疗活动中由于患者病情异常或者患者体质特殊而发生医疗意外的;……(六)因不可抗力造成不良后果的。"

第二，医务人员在诸如抢救生命垂危的患者的紧急情况下，已经尽到合理诊疗义务。在紧急情况下，人工智能已经尽到了合理诊疗义务，此时尽管可能存在因紧急措施造成不良后果的情况，但基于事态紧急不得不衡量价值得失时，这是最优处理方案，因此可以免除医疗机构的责任。当强人工智能已广泛应用于医疗活动时，由于其具有民事法律主体地位，且在进行医疗活动时，处于医疗机构的统筹管理下，故该免责事由的实施主体应当包括强人工智能。当对生命垂危的患者实施紧急抢救措施时，在对抢救患者生命与全面考虑急救措施可能导致的不良后果的衡量中，对生命的维持应当排在价值的第一位阶。此时，只要操控弱人工智能的医务人员或者强人工智能已经按照最初预设的运行机制尽到合理注意义务，那么即使造成患者身体一定的损害或其他不良后果，医疗机构都不构成过错，无须承担赔偿责任。

第三，限于当时的医疗水平难以诊疗。医学领域是广袤无边的，在科技的不断进步发展下，人类对医学的认知也在不断拓宽，但如今人类还无法对医学做到完全了解，医疗技术和医疗水平仍然因认识的有限性而受到限制。人工智能是在数据库信息的基础上进行诊疗的，当出现现阶段没有记录或从未遇到的情况时，人工智能也难于应对。因此，有些疑难病症因局限于当时的医疗水平而无法进行治愈的，属于正常情况。法律不强人所难，对根本不可能做到的事情，自然可以免责。弱人工智能的医疗水平完全取决于人类的医疗水平；强人工智能虽具有更为强大的自主学习能力，但其自主学习和进行医疗活动是在既有的水平基础上进行的，无法超脱于医学领域当时的整体认知及医疗水平。因此，在达到医学领域的普遍认知水平的情况下，基于当时的医疗水平及条件，对不良医疗后果无法预料或者预料到但无法避免造成不良后果时，不构成医疗技术损害责任，此时的医疗机构或者强人工智能不承担赔偿责任。

第四，因不可抗力造成不良后果。当发生不可抗力时，医疗机构可以免除侵权责任。例如，在手术过程中，突发地震，导致手术失败，此时进行手术的无论是人工智能产品，还是人类医生，医疗机构都具有免于承担侵权责任的理由。《民法典》第590条规定将不可抗力作为免责事由。① 该免责事由普遍适用于侵权责任编中的调整对象，因此同样适用于医疗损害责任。应用不可抗力免责事由的前提是，在正常的医疗活动中，不管是人类医生操控弱人工智能，还是强人工智能本身，都在医疗行为规范和医疗机构的管理下进行，损害结果由不可抗力直接导致。而当医疗损害结果是由不可抗力与医疗过失共同作用导致时，应当根据过错程度，适当减轻医疗机构的责任。

第五，医疗意外。医疗意外是指医务人员因无法预料的情形而造成的医疗损害后果，或者根据实际情况无法避免的医疗损害后果。在医疗活动中，通常由于患者病情异常或者患者体质特殊而发生医疗意外。② 具体而言，符合以下两个特征即构成医疗意外。①对损害结果的发生没有医疗过失，损害结果因病情特殊或特殊体质引起。对人工智能而言，没有医疗过失是指，人类医生使用弱人工智能时按照医疗规范，尽到了高度注意义务，并对认知范围内的故障准备了预案；强人工智能进行医疗活动时，遵守人类制定的医疗活动程序规范，且在医疗机构的管理范围内。②损害后果的发生是难以防范的，即在履行注意义务、遵守医疗规范的前提下，进行正常的医疗活动，其损害结果无法通过现有手段进行规避。

（三）生产设计者的免责事由

《产品质量法》第41条对生产者的免责事由作出了规定。③ 弱人工智能作为辅助人类医生进行诊疗的工具，基本符合医疗产品的特征。其在法律关系中，作为权利客体参与医疗活动，无法独立承担侵权责任，如生产者能够证明弱人工智能符合产品责任之免责事由，则生产者可以免除责任。对于强人工智能而言，是否能够适用产品责任进行免责，有以下两点问题需要考虑。第一，强人工智能具备成为法律主体的条件时，一旦被法律赋予独立人格，

---

① 《民法典》第590条规定："当事人一方因不可抗力不能履行合同的，根据不可抗力的影响，部分或者全部免除责任，但是法律另有规定的除外。……"

② 杨立新：《侵权责任法》（第三版），法律出版社2018年版，第503页。

③ 《产品质量法》第41条规定："因产品存在缺陷造成人身、缺陷产品以外的其他财产（以下简称他人财产）损害的，生产者应当承担赔偿责任。生产者能够证明有下列情形之一的，不承担赔偿责任：（一）未将产品投入流通的；（二）产品投入流通时，引起损害的缺陷尚不存在的；（三）将产品投入流通时的科学技术水平尚不能发现缺陷的存在的。"

即可以作为法律关系中的主体享有权利,同时可依据强人工智能拥有和支配财产的情况承担责任,其存在形式已不再是简单的物。在强人工智能正式交付医疗机构并以其自身名义从事医疗活动之后发生的损害后果,是否还可以作为产品适用产品责任,需要依据强人工智能的社会存在形式予以确定。第二,对于"当前科学水平尚不能发现的缺陷",在审查认定时,尚具有一定的难度。相较而言,基于强人工智能进行深度学习的数据以及学习过程中存在的不可预见性,设计者对该风险的源头具有更强的控制力。当设计者与生产者分离时,仅由生产者对其缺陷风险进行举证,具有一定的难度。

结合侵权责任法法理,当人工智能的生产设计者出现以下三种情形时,可以主张不承担赔偿责任。第一,医疗产品投入使用时,引起损害的缺陷尚不存在。例如,人工智能本身不存在缺陷,缺陷是由第三方进行改装造成的,那么原始的生产者便不再承担侵权责任,而是由改装者承担。第二,人工智能投入使用时,科学技术尚不能发现缺陷的存在。人工智能作为一种新型高科技,其复杂程度无须多言,如果以当时的科技水平难以发现缺陷的存在,那么依然可以免责。但当发现缺陷时,生产者便负有及时召回的义务,否则将会承担一定的侵权责任。第三,第三人造成的损害。在人工智能使用过程中,医务人员未按照操作指令操作,或者对人工智能负有管理义务的人员没有尽到管理义务,由此引起损害时,生产设计者可以免责。不过,探究生产者的免责事由时,还需要注意一个可能性问题,即人工智能在未来是否会获得法律人格。若人工智能具备成为法律主体的资格,那么它便不再属于"物"的范畴,是否还能适用产品责任,则需重新定位考量。

第三章

自动驾驶汽车侵权责任研究

一、自动驾驶汽车及其侵权问题概述

（一）自动驾驶汽车的现状

随着 5G 时代的到来，万物互联逐渐成为可能。除智能家居、工业 4.0 的实现外，5G 技术对自动驾驶汽车的研发也发挥了很大的推动作用。早在 20 世纪七八十年代，人们就有了无人驾驶汽车的美好梦想，并萌生了智慧交通的理念。这种梦想不仅仅是对未来生活的美好憧憬，更是对缓解交通拥堵、减少环境污染、降低交通事故发生率的希冀。2007 年，谷歌开始了对自动驾驶汽车的研发。由于技术不成熟、人们对未知科技的恐惧等原因，很多车企采用的是一种渐进式的研发路径。就国内而言，长安汽车已经实现了 L3 级别自动驾驶系统的更新，并完成了 23 千米的道路测试任务；华为等高科技企业也与国内车企合作，提供自主研发的车载系统。从国外来看，谷歌对 L4 级别自动驾驶的研发与测试仍在进行；继 L1、L2 级别的驾驶辅助之后，特斯拉又准备推出 L3 级别的自动驾驶车型；具有 L3 级别水平的新奥迪 A8L，已在国外量产、推出。各大车企、软件企业纷纷致力于智能化汽车的研发，并放出 2025 年前后实现无人驾驶的豪言。

新技术在发展初期必然会面临很多问题。2016 年 1 月，在京港澳高速河北邯郸段，一辆白色特斯拉汽车在"自动驾驶"状态行驶时，撞上了道路清扫车，导致特斯拉驾驶员死亡。2016 年 5 月，美国佛罗里达州一辆特斯拉汽车，在"自动驾驶"模式下发生撞车事故，导致驾驶员身亡。2018 年 3 月，在美国亚利桑那州，一辆 Uber 自动驾驶汽车与行人相撞，并致使行人死亡。虽然自动驾驶意在实现整个交通系统的协调运行，降低交通事故的发生率，但从传统汽车到无人驾驶的过渡期，交通侵权事件的发生难以避免。

(二) 自动驾驶汽车的概念与分级

自动驾驶汽车是指，在部分或者全部环境中，能够独立完成驾驶任务的汽车。从概念来看，一方面，自动驾驶汽车是汽车的一种类型，具有传统汽车的外观及相关的硬件设施，如引擎、方向盘、车轮等；另一方面，自动驾驶汽车又是人工智能时代的一个产物，是人工智能机器人中的一种类型。正是基于此种特征，相关机器人专家对自动驾驶的定位是轮式机器人。① 由此可知，自动驾驶汽车具有一定的独立性，这种独立性使得自动驾驶汽车能够脱离驾驶人的干预，在部分或者全部情况下，实现对人类驾驶控制的脱离。这也是自动驾驶汽车侵权与传统汽车侵权的差异之处。

从构造来看，自动驾驶汽车本身分为三大部分：硬件设施、上层控制和底层控制。其中，单纯的硬件设施体现了传统汽车的形态，是智能驾驶系统的载体，具备基本的运输功能；上层控制负担了自动驾驶汽车的计算、决策等任务；底层控制则负责对内部系统的运行方式进行管理。上层控制和底层控制共同构成了自动驾驶系统。

自动驾驶独立性的程度，取决于其驾驶系统的智能程度。自动驾驶系统是支持自动驾驶汽车独立完成驾驶任务的系统，它包括感知、决策、云端以及信息传导等子系统。其中，感知系统能够帮助自动驾驶汽车识别外部环境，包括路面状况（如障碍物、行人）、天气状况等。它是自动驾驶汽车的"千里眼"，需要数码相机、激光雷达、普通雷达、声呐、惯性测量单元（IMU）等设备相互配合，以保证车辆对外部环境识别的准确性。② 决策系统能够处理来自感知系统的信息，对现有的路况、天气等状况进行分析，并根据数字地图推送的交通拥堵情况、某一时段的车流量情况，规划出汽车行驶的最优路线。决策系统相当于汽车的大脑，需要车载系统具有强大的运算能力。云端系统相当于汽车的记忆中枢，它能够对汽车已行驶过的路线进行

---

① ［美］胡迪·利普森、梅尔芭·库曼：《无人驾驶》，林露茵、金阳译，文汇出版社2017年版，第179页。
② ［美］胡迪·利普森、梅尔芭·库曼：《无人驾驶》，林露茵、金阳译，文汇出版社2017年版，第211－228页。

存储，并自动调用存储信息，减少感知和决策的时间。信息传导系统相当于汽车的神经元，它能够实现感知端到决策端、决策端到硬件设施、云端到决策端的信息传递与交互。上述几大系统相互配合，保证了车辆的安全行驶。

根据系统的智能程度、适应环境的能力、完成驾驶任务的独立程度等因素，美国国家公路交通安全管理局（NHTSA）将汽车的自动化程度划分为五个等级：L0（传统汽车）、L1（单一功能级自动驾驶）、L2（部分自动驾驶）、L3（有条件自动驾驶）、L4（完全自动驾驶）。[①] 具体来看，L0 级别的汽车，必须完全依靠驾驶人的操作，无法脱离驾驶人独立完成驾驶任务。L1、L2 级别的汽车，又称为装有驾驶辅助系统的汽车，主要是通过自动巡航、车道偏离预警等功能，来辅助驾驶人完成驾驶任务。这种类型的汽车是人们为了实现智慧交通而进行的初步尝试。虽然它具有一定的自动性，但这种自动性是建立在驾驶人操作的基础上的，没有驾驶人的驾驶操作，这些辅助驾驶功能则不会启动。L3 级别的汽车是一种自动化程度较高的自动驾驶汽车，也是现阶段已量产的、最高级别的自动驾驶汽车。这种自动驾驶汽车能够在一定路段、一定环境下独立完成驾驶任务，但面对复杂环境、复杂路况时，仍然有其自身的局限性。L4 级别的汽车是一种完全独立于驾驶人操作的汽车，根据美国机动工程师协会（SAE）制定的标准，L4 级别的汽车又可细分为高级自动驾驶汽车和无人驾驶汽车。[②] 高级自动驾驶汽车是在固定路线下，能够独立完成全部驾驶任务的汽车，一般存在于景区、校园等封闭场所中，超出了这些固定路线，汽车的自动化就会受到限制。无人驾驶汽车则是在任何环境、任何道路中，都能够独立完成全部驾驶任务的汽车。我国出台的《智能网联汽车道路测试与示范应用管理规范（试行）》（工信部联通装〔2021〕97 号）和《汽车驾驶自动化分级》国家推荐标准（GB/T 40429—2021），也将无人驾驶汽车分为高度自动驾驶汽车和完全自动

[①] 刘少山、唐洁、吴双等：《第一本无人驾驶技术书》，电子工业出版社 2017 年版，第 5 页。
[②] 刘少山、唐洁、吴双等：《第一本无人驾驶技术书》，电子工业出版社 2017 年版，第 6 页。

驾驶汽车。① 但基于行驶路线的封闭性和固定性、谷歌和其他企业的研发现状等原因，本书并未区分高度自动驾驶与无人驾驶。

从目前各企业的研发状况来看，自动驾驶汽车的研发路径可分为两种：一种是大部分车企采用的研发路径，即从 L1、L2 到 L3 再到 L4 级别的渐进式研发路径，这种研发路径是基于对法律限制、技术限制、利润最大化等多种因素的考量；另一种则是以谷歌为首的专注于系统开发的企业所采用的路径，即从 L1、L2 直接到 L4 级别的跨越式研发路径，② 这种研发路径对汽车的安全性问题做了相关证成，并认为"人车混合"模式更容易导致交通事故的发生。正如黑格尔所言："凡是现实的东西都是合乎理性的。"③ 对于上述两种路径，我们无法断定哪一种路径是合理的，也无法强迫企业采取某一种研发路径。但这两种路径的分野，俨然已经成为现代自动驾驶汽车研发的现实。由于不同企业采取的研发路径不同，因此未来道路上会出现 L0～L4 五种级别的汽车并存的局面。基于此，不同级别汽车的侵权问题应当如何解决，责任应当如何分配，是值得我们长期探讨的问题。

（三）自动驾驶汽车侵权的特殊性

自动驾驶汽车侵权具有特殊性，主要体现在以下四个方面，具体如下所述。

1. 自动化程度不同导致归责原则不能统一适用

在侵权责任领域，归责原则分为过错责任和无过错责任两种类型。决定这种划分结果的因素包括侵权人的地位、受害人的地位、举证能力、行为危

---

① 《智能网联汽车道路测试与示范应用管理规范（试行）》第 37 条第 2 款规定："智能网联汽车自动驾驶包括有条件自动驾驶、高度自动驾驶和完全自动驾驶。有条件自动驾驶是指在系统的设计运行条件下完成所有动态驾驶任务，根据系统动态驾驶任务接管请求，驾驶人应提供适当的干预；高度自动驾驶是指在系统的设计运行条件下完成所有动态驾驶任务，在特定环境下系统会向驾驶人提出动态驾驶任务接管请求，驾驶人/乘客可以不响应系统请求；完全自动驾驶是指系统可以完成驾驶人能够完成的所有道路环境下的动态驾驶任务，不需要驾驶人/乘客介入。"《汽车驾驶自动化分级》按照自动化程度的不同，将汽车分为 0～5 级。

② 吴英霞：《无人驾驶汽车规范发展法律路径研究》，载《科技管理研究》2019 年第 2 期，第 37－42 页。

③ ［德］黑格尔：《法哲学原理》，范扬、张企泰译，商务印书馆 1996 年版，序言第 11 页。

险性等。① 在过错责任中，要么受害人需要证明侵权人有过错，要么侵权人需要证明自己无过错。无论是哪种举证责任，侵权人是否具有主观过错，都会影响侵权责任的成立。在无过错责任中，基于对受害者的保护，无论侵权人主观上有无过错，都不影响侵权责任的成立。总的来说，归责原则是与侵权人的主观状态密不可分的。在现行的侵权责任法条文规定中，机动车与机动车相撞，采用过错责任原则；而机动车与行人相撞，则采用无过错责任原则。当然，在某些情况下，交通事故的发生并不一定是由驾驶人造成的，也不一定是非机动车、行人或第三人造成的，而是由机动车本身的缺陷造成的。在机动车存在故障的情况下，驾驶人完全可能会因为制动系统或转向系统的失灵，无法实现预期的制动或转向效果，最终撞伤行人。在此情况下，驾驶人只承担10%的赔偿责任，非机动车或行人也仅可得到10%的赔偿金额，其损失无法得到全部弥补。不过，此时若符合产品责任的构成要件，则可以通过产品侵权的相关规定，追究生产者、销售者的责任。关于这一问题，司法解释也作出了相关规定。② 但无论是产品责任还是机动车交通事故责任，我们都能够确定某一侵权类型下统一的归责原则，并根据相应的构成要件，来判断侵权责任的成立与否。

然而，在自动驾驶领域，从L3到L4级别的自动驾驶汽车，随着车辆自动化程度的不同，驾驶人的地位也发生着变化。在L3级别的自动驾驶汽车中，汽车在部分条件下能够独立完成驾驶任务，但这种独立性并不是完全的独立性，汽车传感器对于障碍物的识别仍不够灵敏。在复杂路况或环境中，汽车仍需要驾驶人随时进行接管。这种级别下的自动驾驶，又称为"人车混合"模式，也就是说，机动车的操作不仅有驾驶人的参与，还有自动驾驶系统的参与。交通事故的发生可能既涉及产品责任，也涉及机动车交通事故责任，而归责原则就可能是无过错责任、特殊的无过错责任或过错推定责任。但在L4级别的自动驾驶汽车中，机动车的行驶完全依赖自动驾驶系统，车内

---

① 王泽鉴：《侵权行为》（第三版），北京大学出版社2016年版，第11－15页。
② 《最高人民法院关于审理道路交通事故损害赔偿案件适用法律若干问题的解释》（2020年修正）第9条规定："机动车存在产品缺陷导致交通事故造成损害，当事人请求生产者或者销售者依照民法典第七编第四章的规定承担赔偿责任的，人民法院应予支持。"

无方向盘,也无可供操作的设备。汽车的使用人仅仅能够决定驾驶的起点或终点,以及是否使用自动驾驶汽车,而无法实现对汽车的具体控制。驾驶人在 L4 级别的汽车中不复存在,取而代之的是乘客,无论这个乘客是坐在前排还是后排。① 此时不存在驾驶人的操作问题,这就使得侵权责任与驾驶人的主观状态相分离,传统机动车交通侵权的归责条件发生变化,归责原则亦无法完全适用。

2. 技术复杂化导致产品缺陷举证困难

产品缺陷是产品责任的构成要件之一,根据最高人民法院关于道路交通事故的司法解释,由产品缺陷造成的交通事故,受害人可以要求生产者承担赔偿责任。实践中,虽然驾驶人承担侵权责任、生产者承担违约责任的模式更符合人们的惯常思维,但从赔偿能力来看,生产者似乎有更充足的经济能力和赔偿能力。因此,讨论汽车的交通侵权必然离不开产品责任,自动驾驶汽车更是如此。在产品责任中,受害人只有证明汽车存在产品缺陷,并且这种缺陷导致了交通事故的发生,才能认定产品责任的成立。同时,产品缺陷意味着产品的危险性,侵权人为其从事的危险活动负责,亦符合侵权责任的法理基础。②

通过研读近百份交通侵权判例发现,实践中既存在机动车交通侵权与产品侵权合并审理的情形,也存在二者分别审理的情形。在合并审理的情形中,若机动车存在产品缺陷,驾驶人与生产者、销售者按各自的过错大小分别承担责任;在分别审理的情形中,受害人在其损失未得到充分填补的情况下,其可以对生产者、销售者另行提起诉讼。但无论如何,让生产者加入诉讼之中,都是一个明智的选择,而这就涉及产品缺陷的证明问题。在传统的交通侵权领域,受害人承担产品缺陷的举证责任。这是因为传统汽车的缺陷一般表现为发动机、转向系统、行车制动系统等较容易判断的缺陷,况且这些缺陷可以通过交警部门和鉴定机构来证明。从证明成本上来说,生产者与受

---

① 殷秋实:《智能汽车的侵权法问题与应对》,载《法律科学(西北政法大学学报)》2018 年第 5 期,第 44 页。
② 王利明:《侵权责任法》,中国人民大学出版社 2016 年版,第 266 – 267 页。

害人对缺陷证明的难度大致相当,他们都需要通过对车辆故障进行排查,最终确定是否存在缺陷,虽然经济承受能力不同,但二者对于故障排查的花费是相当的。甚至在某些情况下,证明产品有缺陷比证明产品无缺陷更为容易。由于证明成本和证明难度相当,法律就会倾向于"谁主张,谁举证"的原则,这不仅有利于约束滥诉行为,还有利于避免诉累对企业运行形成阻碍。同时,在受害人胜诉的情况下,受害人可以要求生产者承担其为举证而支出的费用。因此,在传统汽车侵权领域,由受害人承担证明责任并无不妥。

但在自动驾驶汽车中,影响汽车行驶的因素,除了底盘、方向盘、制动器等硬件,还包括自动驾驶系统。如前所述,自动驾驶系统并不是完全独立于硬件设施而存在的,其既包括对环境状况的判断、对路线的规划等计算和决策系统,又包括系统对硬件设施的控制、各系统间的交互等信息传递系统,甚至后一种系统比前一种系统更为重要。从生物学的角度来说,虽然非高级认知功能(如基本的身体机能、膝跳反射等)比高级认知功能更容易被人类掌握,但实验表明,人类小脑的神经元比大脑的神经元要多得多,① 而如此多的神经元,支撑着我们能够自如地行动,使我们能够实现意识对身体的控制。因此,人工智能科学家在人工智能的基本动作方面遇到的困难更多,需要投入的算法和技术也更多。这种复杂的算法和技术,也导致自动驾驶汽车缺陷的证明难度较高。

从司法判例来看,由于监控盲区或报警不及时,即使在传统的汽车侵权领域,也会存在责任认定不清的情况。而在自动驾驶汽车侵权中,驾驶人的责任认定可能会更加模糊,此时受害人的损失可能无法得到及时、充分的弥补。② 因此,在机动车驾驶人责任无法认定的情况下,我们需要对产品责任加以审视。在产品责任中,受害人需要证明汽车本身存在缺陷,或者自动驾驶系统存在缺陷。前者的缺陷较容易证明,自动驾驶汽车本身的缺陷与传统汽车缺陷的证明方法并无二致,因为这里面不涉及过多的技术问题,甚至不

---

① [美]胡迪·利普森、梅尔芭·库曼:《无人驾驶》,林露茵、金阳译,文汇出版社 2017 年版,第 92 - 93 页。
② 赵申豪:《自动驾驶汽车侵权责任研究》,载《江西社会科学》2018 年第 7 期,第 214 页。

涉及人类脑力劳动的问题，毕竟人工智能已占据了生产线的"半壁江山"。但自动驾驶系统的缺陷，无法通过自检功能或者简单的人工检查发现，而需要专业技术人员进行专门的检测。这种检测既包括对决策系统、感知系统的检测，也包括对信息传递、内部控制系统的检测。对于前者的检测，专业人员需要对各种子系统进行排查。例如，若汽车定位系统出现问题，自动驾驶对道路环境、行驶路线的判断就会受到影响，这时需要通过专业人员对 GPS 信号发射器、GPS 信号接收器等设备进行故障排除，以最终确定缺陷的来源。必要时，需要通过汽车"黑匣子"进行事故发生场景的再还原。而对于后者的检测，专业人员则需要进行各种实验，以确定系统对设施的控制情况。因此，无论是从专业性的角度，还是从财力、物力、人力的角度来看，受害人对自动驾驶汽车缺陷的举证，都十分困难。①

3. "人车混合"模式导致因果关系认定困难

因果关系是侵权行为和损害结果之间的联系，这种联系是侵权责任追本溯源的基础。只有侵权行为造成了相应的损害结果，受害人才需要得到补偿；只有损害结果可归结于侵权行为，责任的认定才具有正当性。在传统汽车交通侵权中，因果关系可能有多种，如驾驶人的行为与损害结果有因果关系、产品缺陷与损害结果有因果关系、受害人的故意碰撞与损害结果有因果关系等。这几种因果关系可能独立存在，也可能共同存在于某一案件中。我们可以通过违章照片、行车记录仪、责任认定书等，推断驾驶人的主观状态，判断行为的违法性与否。在驾驶人完全依法依规行驶的情况下，该事故则可能是非机动车、行人、第三人或者产品缺陷的原因造成的。对于非机动车、行人和第三人的行为过错问题，需要通过路面监控、行车记录仪等证据来佐证；对于产品缺陷问题，则需要通过专业鉴定或者同批次产品的质量进行判断。即使需要专业鉴定，这种鉴定也是非垄断性的，甚至可以通过司法机关进行鉴定，而不涉及过多的技术性问题。因此，无论事故的发生是出于何种原因，也无论损害结果与侵权行为之间如何联系，受害人都能够较容易地提供证据，实现责任成立的相关证成。

---

① 张童：《人工智能产品致人损害民事责任研究》，载《社会科学》2018 年第 4 期，第 106 页。

但在自动驾驶汽车交通侵权中,单纯通过违章照片、行车记录仪和责任认定书是无法准确地判断事故成因的。尤其是对于L3级别的自动驾驶汽车,驾驶人的行为和驾驶系统的决策可能同时存在。而不同主体的决策,可能成立不同的侵权责任:①若驾驶人的决策导致事故发生,就需要从机动车交通侵权的角度分析;②若系统的决策导致事故发生,则需要从产品侵权的角度分析。但由于车辆的封闭性,我们无法以局外人的角度判断决策到底是由驾驶人还是系统做出的。同时,我们也无法判断,驾驶人是否履行了相应的接管义务,以及履行接管义务是否充分。此时,我们无法将全部的责任归咎于驾驶人或者生产者,甚至无法将主要责任归咎于某一主体。在某些情况下,驾驶人实际操控着自动驾驶汽车,驾驶系统仅为驾驶人的行为提供辅助,抑或自动驾驶系统进行主驾驶任务,驾驶人仅进行不影响汽车行驶的操作。这就造成了人工驾驶与系统驾驶共存的局面,但这种"共存"并不意味着决策是由驾驶人和系统共同做出的,这种决策仅仅是包裹在"协作"外衣下的单独决策。既然无法区分系统和驾驶人,那么是否可以笼统地、不加区分地让生产者与驾驶人承担连带责任呢?恐怕不行。因为这种责任的连带会打破原有的侵权责任体系。在机动车交通事故侵权中,法律不仅要对受害人进行保护,而且要惩罚驾驶人不合规范的驾驶行为,这种驾驶行为不仅对受害人造成了损害,还对社会公众的利益存在威胁。这种威胁虽然未上升到刑法的高度,但也需要驾驶人加以克制。在产品侵权中,侵权主体是生产者、销售者,受害人是消费者或第三人。消费者或第三人可以向生产者、销售者主张赔偿,但我们如果让消费者与生产者、销售者承担连带责任,就打破了产品责任的原有范式,将一个与产品责任无关的主体加入产品责任之中。当然,消费者可能利用缺陷产品侵害了第三人,但这种侵害并不是产品侵权,而是一般侵权或其他的特殊侵权类型。[①] 因此,我们既无法区分这种复杂的因果关系,又不能简单地将两种侵权责任混为一谈。这种因果关系判断上的困境,会导致侵权责任成立上的偏差,最终使受害人得不到充分的保护。

---

① 王利明:《侵权责任法》,中国人民大学出版社2016年版,第263页。

4. 主体多元化导致责任主体难以确定

主体多元化的表现有两点：一是责任主体过多，最终的责任承担主体难以确定；二是责任主体之间的侵权责任形态难以确定。在传统的交通侵权领域，由于归责原则、因果关系等内容相对明确，责任主体和侵权责任形态往往就较容易确定。若为机动车交通事故侵权，那么责任主体就可能是驾驶人、有过错的汽车所有人等主体；如涉及职务行为，则由雇主承担替代责任。若为产品责任侵权，那么责任主体就可能是生产者、销售者等主体。但无论如何，受害人的利益都能得到相应的保护。

但在自动驾驶汽车侵权的领域，除了上述主体以外，由于自动驾驶汽车的构造复杂性，设计者、黑客、5G网络运营商等都可能因参与其中而成为责任主体之一。即使在归责原则、构成要件都已明确的情况下，责任主体、侵权责任形态、各主体的责任比例等问题，也会影响法官的司法裁量。尤其是在多种侵权责任竞合的情况下，既要保障受害人的损失得到及时弥补，又要追本溯源，确定责任的最终承担者。在责任主体的问题上，需要明确哪一主体或者哪些主体应当承担侵权责任；不能让应承担责任的主体不承担责任，也不应让无须承担责任的主体进行赔偿，毕竟这两种结果都会造成司法的不公正，甚至影响社会的安定。在侵权责任形态的问题上，需要明确哪些主体应当承担连带责任，哪些主体应当单独承担责任，哪些主体需要承担补充责任，不能在这些问题上含糊其词，造成"案结事不了"的局面。

二、自动驾驶汽车交通侵权责任的归责原则

（一）有条件自动驾驶汽车侵权责任的归责原则

在有条件自动驾驶汽车交通事故中，侵权责任的归责原则可以从以下三个层面予以分析。

1. 与机动车相撞时的过错责任

由汽车研发的不同路径所决定，在未来的一段时间里，道路上会出现各级别的自动驾驶汽车与传统汽车并存的局面。由于各类型汽车的自动化程度

不同，我们不能对各级别自动驾驶汽车的驾驶人都苛以相同的义务，而应当区分不同类型下的驾驶人义务。相应地，归责原则也应当有所区分。在传统交通侵权中，机动车之间的相撞适用过错责任这一归责原则。首先，这是因为双方均是机动车，在危险性、受损害程度等方面地位相当，即使双方的车型有所差别，也不会出现双方遭受的损害悬殊的问题。其次，传统汽车的车身结构较简单，除车企的工作人员和汽车修理工以外，驾驶人因为受过驾驶资格考试的培训，对汽车构造也较为熟知。最后，在不存在不可抗力或意外事件的情况下，交通事故责任认定书、行车记录仪和违章照片等证据的证明力往往比较充分。所以，在传统交通侵权中，驾驶人往往能够证明对方的过错或己方的无过错。

L3 级别的汽车与机动车相撞，包括三种情况：与 L0、L1、L2 级别的汽车相撞；与 L3 级别的汽车相撞；与 L4 级别的汽车相撞。在第一种情况下，传统汽车或装有驾驶辅助系统的汽车无法举证证明自动驾驶汽车的驾驶人是否存在过错，毕竟事故的发生，可能是因为自动驾驶系统的操作。而交通事故责任认定书、行车记录仪和违章照片等，只能确定汽车行驶是否存在违法违规等问题，并不能对驾驶人的行为和驾驶系统的行为进行明确的区分。在此情况下，传统汽车或装有驾驶辅助系统的汽车一方的举证能力较弱，而自动驾驶汽车一方的举证相对容易，故由自动驾驶汽车一方承担证明自己无过错的举证责任，亦合情合理。在第二种情况中，双方均为 L3 级别的汽车，在技术复杂程度上是相当的，举证能力也大致相当，此时 L3 级别的汽车应当承担过错责任。在第三种情况中，由于 L4 级别的汽车是一种完全自动化产品，在产品存在缺陷的情况下，应当由 L4 级别的汽车的生产者承担无过错的产品责任，驾驶人仅因其过错承担责任。

2. 与非机动车、行人相撞时的无过错责任

在现行《道路交通安全法》中，机动车对非机动车、行人致害的案件，适用无过错责任。但这种无过错责任有两个方面的特殊性：一方面，若非机动车、行人一方有过错，机动车一方的责任可以被适当减轻；另一方面，若机动车一方无过错，承担的赔偿责任不超过 10%。由这两个特殊性引出了两种学理观点，即过错推定说和无过错责任说。过错推定说主张，在机动车一

方无过错的情况下，仅承担小于等于10%的责任。但这种不超过10%的责任，并不等于无责任。也就是说，这种说法不符合"能证明没有过错，就不承担责任"的理论证成。虽然此种侵权适用无过错责任，但这种无过错责任是一种不完全的无过错责任。亦即，在机动车无过错的情况下，赔偿责任并非全部，而是不超过10%。这种责任分配，也是立法者对各方利益权衡的结果。

虽然L3级别的自动驾驶汽车与传统汽车有差异，但它们本身的构造又有诸多相似之处，尤其是在速度、加速度、坚硬度等方面，这就决定了它们对非机动车或行人造成的损害也是大致相当的。很难说，传统汽车比L3级别的自动驾驶汽车的危险性更大，或L3级别的自动驾驶汽车比传统汽车的危险性更大。自动化水平的不同，影响更多的是责任的最终认定，而非危险性大小。因此，L3级别的自动驾驶汽车侵权仍可适用《道路交通安全法》的相关规定，而减少或增加驾驶人赔偿责任的范围，都无法实现预期的社会效果，甚至会造成立法资源的浪费。

3. 驾驶人的"警惕+接管"义务

L3级别的自动驾驶汽车并不是一种完全自动化的汽车，它需要驾驶人与自动驾驶系统相互配合，才能完成驾驶任务。从驾驶人对车辆的控制能力来看，自动驾驶系统并不是垄断了汽车的操作，而仅仅是在特定条件下解放驾驶人的双手。当然，这种特定条件需要驾驶人依靠自身的生活经验加以判断，也就是说，驾驶人虽然不能决定自动驾驶系统的操作如何，却能够决定是否启用自动驾驶系统。这从本质上来说，驾驶人仍然能够主导汽车的操作。同时，由于L3级别的自动驾驶汽车并没有取消方向盘、制动器等工具，驾驶人就可以对自动驾驶系统的操作予以纠正，并且驾驶人从事此项活动的成本，必然小于等于驾驶人独立操作的成本。因此，有必要苛以驾驶人一定的义务，即"警惕+接管"义务。简言之，驾驶人不仅应当在人工驾驶状态下谨慎驾驶，还应当在自动驾驶系统启动后，监管自动驾驶系统的操作，尤其是在系统决策错误或者未能准确识别行人时，驾驶人必须及时接管对车辆的控制，并采取相应措施以避免损害的发生。在驾驶人违反"警惕+接管"义务时，驾驶人就构成对注意义务的违反，即存在主观过错，而驾驶人则会因为该过错而承担相应的侵权责任。①

（二）完全自动驾驶汽车侵权责任的归责原则

在完全自动驾驶汽车交通事故中，侵权责任的归责原则可以从以下两个方面予以分析。

1. 汽车使用人的过错责任

完全自动驾驶汽车没有驾驶人，汽车的驾驶任务完全靠自动驾驶系统来完成。因此，在发生交通事故时，不能将传统汽车交通侵权、L3级别的自动驾驶汽车交通侵权的归责原则，简单地套用在完全自动驾驶汽车侵权问题的解决上，否则就会造成利益失衡。有学者认为，基于 L4 级别的自动驾驶汽车的危险性，应当由汽车所有人承担无过错责任，即所谓的"危险开启说"。②但笔者认为，L4 级别的自动驾驶汽车的所有人应承担过错责任，而非无过错责任。之所以这样认为，主要有以下几点理由。

首先，虽然完全自动驾驶汽车有一定的危险性，但这种危险性小于传统汽车和 L3 级别的自动驾驶汽车的危险性。当道路上存在大量的完全自动驾驶汽车时，整个交通系统的运行效率会得到提高，交通拥堵、环境污染等问题则会有所缓解，交通事故的发生率也会有所下降。这是因为完全自动驾驶汽车是建立在物联网的基础之上的，物联网区别于之前互联网时代中人与人的即时交互，其实现的是各种物品之间的交互，如智能家居之间的相互配合。③具体到自动驾驶领域，就是车与车之间的交互，包括信息传递、信息共享等。也就是说，L4 级别的自动驾驶汽车，除了要与 5G 基站相互关联，还要同参

---

① 2021年3月24日，公安部曾发布《中华人民共和国道路交通安全法（修订建议稿）》，向社会公开征求意见。其中，第155条第2款规定："具有自动驾驶功能且具备人工直接操作模式的汽车开展道路测试或者上道路通行时，应当实时记录行驶数据；驾驶人应当处于车辆驾驶座位上，监控车辆运行状态及周围环境，随时准备接管车辆。发生道路交通安全违法行为或者交通事故的，应当依法确定驾驶人、自动驾驶系统开发单位的责任，并依照有关法律、法规确定损害赔偿责任。构成犯罪的，依法追究刑事责任。"不过，该条并未被最终采纳。

② 殷秋实：《智能汽车的侵权法问题与应对》，载《法律科学（西北政法大学学报）》2018年第5期，第49页；刘召成：《自动驾驶机动车致害的侵权责任构造》，载《北方法学》2020年第4期，第8－9页。

③ ［美］尼古拉·尼葛洛庞帝：《数字化生存》，胡泳、范海燕译，电子工业出版社2017年版，第209－211页。

与交通系统的其他车辆进行互联。这种车联网模式并非遥不可及,甚至其在现代社会已经初露头角。以无人机为例,在操作无人机进行航拍时,并不需要以路由器为媒介,而仅仅是通过手机与无人机自身信号相连接,就能实现手机对无人机的控制。在美国,这种短波无线电技术已经被考虑应用到交通系统中,以保障汽车驾驶人对道路环境的全面了解,即我们所说的 V2X。①因此,在这种万物互联的大背景下,完全自动驾驶汽车能够呈"小鱼队列"行进,降低了事故发生率,而此时从危险性角度论证汽车所有人的无过错责任,是不合时宜的。

其次,不可否认的是,汽车相对于非机动车、行人来说,具有更大的危险性,但这种危险性是难以被汽车所有人控制的。②《民法典》侵权责任编中任何一种类型的危险责任,都要求责任主体对危险具有支配力和控制力,否则这种危险责任对责任承担者来说,也是一场"飞来横祸"。但在完全自动驾驶汽车中,汽车所有人唯一能控制的仅仅是汽车的出发地和目的地;对于汽车行进中的状况如何,所有人无法掌控,甚至无法知悉,所有人对自动驾驶汽车可以足够信赖。同时,应当明白,任何一种产品都可能存在危险,完全自动驾驶汽车也不例外。但这种潜在危险,并不是汽车所有人造成的,而是汽车生产者造成的。"危险开启说"是侵权责任承担的原因之一,但不是全部原因,不能将所有的侵权事故都归咎于危险的开启者,否则法律的公平、正义就会被束之高阁。例如,无法将卧式机床造成的损害,归咎于卧式机床的开启者,人们甚至无法确定此处的"开启者"到底是电源接通者,还是开关的开启者。再如,不能将劣质高压锅造成的损害,归咎于高压锅的所有者或者使用者,而应当追本溯源,从产品缺陷的角度,要求生产者承担相应的责任。完全自动驾驶汽车亦是如此,人们不应当为了单纯地维护受害人的利益,将一切责任都归于汽车所有人,而应当从危险源的角度出发,进行合理的责任分配。

再次,归责原则适用的前提是对案件的定性,不同类型的案件适用的归

---

① [美]胡迪·利普森、梅尔芭·库曼:《无人驾驶》,林露茵、金阳译,文汇出版社 2017 年版,第 158-166 页。
② 郑志峰:《自动驾驶汽车的交通事故侵权责任》,载《法学》2018 年第 4 期,第 22 页。

责原则不同。自动驾驶汽车的交通侵权责任,可以划分为两种类型:道路交通事故责任和产品责任。无论是归责原则还是构成要件,都要按照这两种侵权责任类型来进行论证。此处的归责原则是道路交通事故责任的归责原则,责任主体是驾驶人。在 L3 级别的自动驾驶中,驾驶人指的是实际进行驾驶操作的自然人;而在 L4 级别的自动驾驶中,"驾驶人"指的是自动驾驶系统。自动驾驶系统不是法律规定的民事主体,虽然人工智能在外国有一定的主体资格,但这样的立法例在我国似乎难以确立,毕竟赋予主体资格,需要综合考虑利益衡量、价值判断、社会发展状况等因素,需要经过长期的讨论,才能有一个相对确定的结果。[①] 从法理上来说,道路交通事故责任追究的是驾驶人的责任,但 L4 级别的自动驾驶汽车中"驾驶人"的角色已经由驾驶系统所充当,自然人仅仅作为汽车的所有人或使用人而存在。驾驶系统承担全部驾驶任务之后,交通系统中出现的一切状况,都由驾驶系统实时监测、实时决策。我们不能将驾驶系统的过错归咎于汽车所有人,仅仅可能将其追溯到生产者、销售者,否则就会打破"过失责任"或"自己责任"的基石,造成归责模糊的乱象。[②]

最后,无过错原则的目的是保护受害人,约束危险活动的制造者。就前者来说,受害人能否得到保护,不应仅看责任主体有多少,而更应关注责任主体的财务状况和赔偿能力。即使在未来的汽车领域,责任保险仍然是不可或缺的制度,只是投保义务主体的确定有待商榷。既然如此,发生了交通事故,只要是机动车一方的责任,受害人都能得到保险公司相应的赔偿。区分不同的责任主体、不同的归责原则,只是为了确定最终的追偿顺序、追偿主体。即使汽车所有人并没有投保相应的保险,受害人也无法仅通过汽车所有人获得全额赔偿。因此,保护受害人的问题,并不会因 L4 级别的自动驾驶汽车的侵权责任的归责原则而受到影响。就后者而言,如上文所述,危险活动的制造者并不是汽车所有人,而是汽车的生产者。即使苛以汽车所有人过重的责任,汽车造成损害或威胁人类健康的可能性也无法改变。因此,约束危

---

① 房绍坤、林广会:《人工智能民事主体适格性之辨思》,载《苏州大学学报(哲学社会科学版)》2018 年第 5 期,第 64 – 72 页。
② 梁慧星:《民法总论》(第五版),法律出版社 2017 年版,第 41 – 42 页。

险活动制造者的目的,并不能通过该部分的归责原则加以实现。

2. 汽车所有人的检查、维护和修理义务

虽然L4级别的自动驾驶汽车的所有人不承担无过错责任,但其并未被完全排除在责任主体之外,而是应为其过错承担责任,这种过错就是汽车所有人对检查、维护和修理等义务的违反。任何产品随着使用年限的增长,其内部的零件都会有所磨损,相关的性能也会下降,只有定期对车辆进行检查、维护,才能及时排除安全隐患,防止汽车在行驶过程中发生故障。从检查范围的角度来说,这里的"检查、维护",既包括对车辆外部的检查,如对轮胎气压的检查,也包括对自动驾驶系统的检查。其中,对自动驾驶系统检查的技术性、专业性较强,因此系统的检查需要由专门机构进行检查、维护,车企或者专门机构应当为汽车所有人提供便利。从检查时间的角度来说,车企应当给消费者提供一个建议期限,汽车所有人应当按照车企建议的期限,对车辆进行定期的检查、维护。政府也可以出台相应的标准,为汽车所有人对车辆的维护提供指引。

汽车所有人的修理义务是指,在车辆发生故障或发生交通事故后,汽车所有人应当及时将车辆送到维修机构进行修理。与车辆检查的范围一样,车辆的故障既可能是外部故障(如刹车系统故障),也可能是自动驾驶系统的故障(如黑客入侵导致的系统瘫痪)。无论是哪种故障,汽车的所有人都应联系相关的修理机构,对汽车的外部系统或者自动驾驶系统进行维修。在发生交通事故后,若车辆因碰撞而出现故障,汽车所有人应及时将车辆送去维修,这一点毋庸置疑;若车辆当时未出现故障,汽车所有人仍负有对车辆进行检查或联系专门机构进行检查的义务。

三、自动驾驶汽车交通侵权责任的构成要件

(一)机动车交通事故责任的构成要件

如前所述,在自动驾驶情况下,机动车交通侵权可分为有条件自动驾驶汽车侵权与完全自动驾驶汽车侵权两种类型,故对其侵权责任的构成要件进行分析时,也有必要从这两个角度出发。

1. 有条件自动驾驶汽车侵权责任的构成要件

此种侵权责任下,可细分为对机动车侵权和对非机动车、行人侵权。不同情况下,侵权责任的构成要件又有所不同。

(1) 对机动车侵权时的责任构成要件

首先,驾驶人有侵权行为。侵权责任法上的侵权行为,是一种侵犯他人权利或者合法利益的行为。① 具体到自动驾驶汽车领域,侵权行为是指由于驾驶人的不当驾驶而造成损害的行为,是一种侵犯传统汽车驾驶人的生命权、健康权、财产权等权利的行为。这种侵权行为本身,暗含了违法性要素。②

其次,驾驶人主观上须存在过错。如上所述,L3 级别的自动驾驶汽车对机动车侵权时,适用过错责任的归责原则。因此,在过错问题上,要求驾驶人主观上存在过错。这里的主观过错,是驾驶人对注意义务的违反,既包括对交通规则的违反,也包括未及时接管驾驶任务。

一方面,毕竟 L3 级别的自动驾驶汽车仍以驾驶人为主导,驾驶人在取得驾驶资格证时,已接受了相关的培训,所以相关的交通规则都应为驾驶人所熟知。在了解交通规则的情况下,若驾驶人仍然有酒后驾车、逆行、闯灯等交通违法行为,则可认定驾驶人存在主观过错。同时,若驾驶人无证驾驶,则其主观上就存在过错。那么有无自动驾驶系统违反交通规则的情形呢?如未能准确识别交通标志,或者未能识别相关的交通信号灯。从已经运营的滴滴自动驾驶出租车的情况来看,L3 级别的自动驾驶汽车,能够在内测道路上实现道路标志、交通信号灯的识别。③ 所以,从技术层面来说,交通标志、交通信号灯的识别,属于 L3 级别的自动驾驶汽车的任务范畴,因系统原因而违反交通规则并造成交通事故时,应当追究生产者、销售者的责任。但从驾驶人的注意义务来说,驾驶人应当警惕特殊道路环境下的汽车行驶状况。这些特殊道路环境主要是指人流量、车流量比较大的路段,如交叉路口、幼儿园附近区域等。在这种环境下,由 L3 级别的自动驾驶系统进行驾驶的条件并

---

① 《民法典》第 1164 条规定:"本编调整因侵害民事权益产生的民事关系。"
② 杨立新:《侵权责任法》(第三版),法律出版社 2018 年版,第 82 页。
③ 《滴滴司机要失业?自动驾驶车落地上海,央视名嘴朱广权先替你坐!》,载搜狐网,https://www.sohu.com/na/404404883_120718251,2023 年 5 月 21 日访问。

不具备，此时交通事故的发生若是由驾驶人启动自动驾驶功能导致的，那么驾驶人应当为其不当启动行为负责。另一方面，对于自动驾驶汽车的行驶状况，驾驶人负有监管、接管的义务。在汽车有可能造成交通事故或者行经事故多发路段时，驾驶人应当及时接管汽车的驾驶操作，以避免事故的发生。若驾驶人未适时监管路况、未及时接管驾驶操作，则驾驶人主观上存在过错。

再次，有损害结果的发生。在机动车交通事故中，损害结果既包括人身损害，也包括财产损害。人身损害是对人的生命权、身体权、健康权造成的损害，而财产损害指的是因事故发生而产生的财产损失。

最后，侵权行为与损害结果之间有因果关系。在学理上，侵权责任法中的因果关系分为两种：一种是责任成立的因果关系；另一种是责任范围的因果关系。在自动驾驶汽车侵权中，要讨论的是侵权责任的构成要件，涉及的是责任成立的因果关系，即侵权行为与损害结果之间的因果关系。这里的因果关系，既包括单一因果关系，也包括复合因果关系。其中，单一因果关系是指驾驶人的行为直接造成了损害结果；复合因果关系指的是多种因素共同造成了损害结果，如连环交通事故、传统汽车驾驶人过错等。但无论是单一因果关系还是复合因果关系，都不会影响侵权责任的成立，只是责任承担的比例有所差异。

（2）对非机动车、行人侵权时的责任构成要件

L3级别的自动驾驶汽车对非机动车或行人侵权时，在无过错责任下，由于不再考虑驾驶人的主观状态如何，因此只要某一交通侵权满足了其他三个要件，该侵权责任即可成立。首先是存在侵权行为，即存在侵害非机动车、行人的人身权利和财产权利的行为。它既表现为行驶中的自动驾驶汽车对非机动车或行人的碰撞，又表现为在汽车紧急刹车或未拉手刹的情况下，对非机动车或行人的碰撞。其次，从损害结果的角度来看，L3级别的自动驾驶汽车对非机动车或行人的侵权，仍包括人身损害和财产损害。最后，这里的因果关系既包括驾驶人的行为与损害结果之间的单一因果关系，又包括产品缺陷或其他因素介入后的复合因果关系。但无论何种因果关系，只要不存在介入因素或受害人故意的情形，该因果关系就可成立。

2. 完全自动驾驶汽车侵权责任的构成要件

首先，汽车所有人存在侵权行为，即汽车所有人因其不当行为而导致发生交通事故，从而损害他人财产或生命健康。在完全自动驾驶汽车侵权中，由于汽车所有人义务的特殊性，汽车所有人的侵权行为往往是消极的不作为。

其次，汽车所有人主观上存在过错，且所有人应当承担这种过错的举证责任。之所以有如此考虑，主要是基于举证能力的不平等。在完全自动驾驶汽车的侵权问题中，所有人的过错是对检查、维护、维修义务的违反。是否违反这些义务，受害人可通过鉴定的方式加以证明，但这种证明方式会花费一定的精力和金钱，且无法与其他证据形成完整的证据链条；而汽车所有人则可通过消费单据、检修单据或其他证据，来证明自己尽到了上述义务，虽然单据存在被造假的可能，但这种单据造假可被受害人出具的其他证据予以推翻，如专业鉴定。当然，在汽车所有人承担证明责任的情况下，受害人仍有可能花费一定的金钱对车辆进行鉴定，但这种鉴定是出于对单据真实性的质疑。换言之，若受害人认可单据的真实性，或者汽车所有人并不能提供相应的单据，则受害人不需要花费金钱和精力来进行鉴定，这就减小了受害人金钱消耗的可能性和诉讼负担。

再次，产生了损害结果。损害结果包括对机动车侵权的人身损害、财产损害，以及对非机动车、行人侵权的人身损害、财产损害。

最后，侵权行为与损害结果之间有因果关系。同之前论述的一样，这里的因果关系，包括单一因果关系和复合因果关系两种。介入因素可以成为汽车所有人责任减轻的理由，但不能成为其责任免除的理由。换言之，除非该损害结果完全由第三人造成，否则不能中断责任成立的因果关系。

（二）产品责任的构成要件

就产品责任而言，其构成要件主要包括自动驾驶汽车存在缺陷、造成人身或财产损害以及存在因果关系。

1. 自动驾驶汽车存在缺陷

自动驾驶汽车的缺陷，主要体现在汽车硬件设备和自动驾驶系统两个方面，具体如下所述。

(1) 汽车硬件设备存在缺陷

汽车硬件设备的缺陷是指，除自动驾驶系统以外的汽车缺陷。这种缺陷是任何级别的汽车都可能存在的，可通过汽车外部检修予以排除。根据《产品质量法》的相关规定，判断产品是否存在缺陷，有两个标准：一是产品质量是否符合国家或行业标准；二是产品是否存在危及人身、财产安全的不合理危险。① 脱去自动驾驶系统的外衣，自动驾驶汽车剩余的构造与传统汽车并无二致，因此汽车硬件设备是否存在缺陷，也应当通过上述标准进行检验。而对于自动驾驶汽车是否符合国家或行业标准的判断，可以现有的法律规定为准，当然立法者也可根据自动驾驶汽车的特殊性确定新的标准。但须注意的是，即便汽车符合相关的国家或行业标准，自动驾驶汽车仍然可能存在缺陷。一方面，国家或行业标准只是一个最低要求，在具体案件中，每种类型的车辆性能各不相同，故不能僵化地用统一的标准来衡量所有的产品质量。另一方面，随着科技的发展，汽车产品也在不断地更新迭代，在硬件设施上，生产者也可能采用不同的材料或设计工艺。国家或行业标准可能适用于当前的产品质量衡量，却难以解决未来产品的各种质量衡量问题，难以应对现实中的各种变化。因此，在具体案件中，应当综合上述两种标准来予以判断。

若自动驾驶汽车不符合上述两种标准，那么其硬件设备就存在缺陷。这种缺陷可能是设计缺陷，也可能是警示缺陷或制造缺陷。其中，设计缺陷是指在产品设计之初，生产者采取的设计方案并非最安全的方案，它有可能会影响驾驶人的驾驶操作，危及人身、财产安全。当然，危及人身、财产安全，仍然是一个抽象标准，即使在交通事故发生之后，也很难判断汽车的设计是否合理，是否会危及人身、财产安全。因此，需要有一个量化的判断方法，即通过对替代性方案的成本予以判断。② 在存在替代性设计方案的情况下，

---

① 《产品质量法》第 26 条第 2 款规定："产品质量应当符合下列要求：（一）不存在危及人身、财产安全的不合理的危险，有保障人体健康和人身、财产安全的国家标准、行业标准的，应当符合该标准；……"

② ［美］瑞恩·卡洛等编：《人工智能与法律的对话》，陈吉栋、董慧敏、杭颖颖译，上海人民出版社 2018 年版，第 37 页。

若替代性方案的安全性更高，且成本更低，那么生产者理应采取这种替代性方案；若替代性方案的安全性更高，但成本也相对较高，则无法强迫生产者使用该替代性方案，因为该替代性方案的采用，可能会影响生产者正常的生产经营。

警示缺陷是指与驾驶安全有关的注意事项，生产者应当告知驾驶人注意，如驾驶人对自动驾驶系统的启动时点。这种警示要求生产者以足以引起驾驶人注意的颜色、字体进行标示。若汽车缺少相关的危险警示或警示不突出，则应认为该汽车存在警示缺陷。同时，由于现实中驾驶人可能对驾驶条件存在误判，所以生产者应当明确告知驾驶人车辆的运行条件和范围。[1]

制造缺陷是指在产品不存在设计缺陷的情况下，产品的生产者未严格按照设计方案进行生产而导致的缺陷。例如，若设计方案要求汽车的某一部分需要四个螺栓，但生产者认为三个螺栓即可保证车辆的安全性，并在制造时仅装配了三个螺栓，那么可认定该汽车存在制造缺陷。在发生交通事故时，生产者应当为此担责。

（2）自动驾驶系统存在缺陷

自动驾驶系统作为自动驾驶汽车的一部分，其缺陷也属于自动驾驶汽车的产品缺陷，但这种缺陷应当单独讨论，不宜将系统缺陷与硬件设备缺陷混为一谈。这是因为自动驾驶系统相当于传统汽车的智能化装置，脱离了自动驾驶系统，传统汽车仍然能独立存在；而脱离了传统汽车，自动驾驶系统也能作为一项程序单独运行。当然，我们不能自成一脉地去空谈系统缺陷问题，而应将自动驾驶系统放在特定的环境中，使其具有特殊意义。在L3级别的自动驾驶汽车中，自动驾驶系统能够分担驾驶人的驾驶任务；在L4级别的自动驾驶汽车中，自动驾驶系统则替代了驾驶人，承担起全部的驾驶任务，同时由于系统和车辆的结合较为紧密，系统的缺陷、故障更可能会影响车辆的安全性。因此，既要对自动驾驶系统进行单独讨论，又不能脱离自动驾驶汽车

---

[1] 2021年4月，工信部发布《智能网联汽车生产企业及产品准入管理指南（试行）》（征求意见稿）。其中，第4条规定："智能网联汽车生产企业应明确告知车辆设计运行条件、人机交互设备指示信息、驾驶员职责、驾驶自动化功能激活及退出方法、软件升级维护等信息，解决智能网联汽车与传统汽车在操作、使用等方面可能产生的预期差异问题。"

缺陷这一大范畴。

从本质上来说，系统的缺陷实际上是程序错误。自动驾驶系统背后需要大量算法的支撑，这些算法是智能机器人进行机器学习的关键，小到路线存储、调用，大到车辆对道路环境的反馈和决策，都离不开这些编程算法。① 当然，我们对系统缺陷的判断，不能沿用产品缺陷判断的两种标准，毕竟自动驾驶系统并不是传统意义上的"产品"。我们无法用统一的标准对算法进行约束，否则就会使代码编写变成一个毫无创造性的活动；我们更无法证明系统对人身、财产安全的危险，因为这些代码并不直接作用于人体。相反，我们应当从算法的角度来判断自动驾驶系统是否存在缺陷。但这种缺陷判断过于专业化，加之"算法黑箱"的神秘性，若由受害人承担系统缺陷的证明责任，未免过于苛刻。因此，为了保护受害人的利益，汽车生产者或程序设计者，应当举证证明系统不存在缺陷，否则就要承担举证不能的后果，承担自动驾驶汽车的产品侵权责任。这种举证责任倒置的规则设计，既能保障受害人，又能增强生产者的社会责任感，倒逼生产者对产品缺陷予以审慎对待。从经济学的角度来看，对系统缺陷的甄别和纠正，涉及的主要是人工成本和管理成本，而这两种成本不会受规模经济和学习曲线的影响，也不会造成边际成本的变动。换言之，这种举证责任的分配，不会造成生产者的生产成本增加，更不会影响自动驾驶汽车供求曲线的变化，不会阻碍技术进步和社会发展。

2. 造成人身或财产损害

在机动车交通侵权领域，人身或财产损害主要是指对车外人的损害。但从产品侵权的角度来看，这种人身或财产损害，既包括对车外人的损害，也包括对车内人的损害。汽车对车内人的损害，相当于产品对消费者的损害；汽车对车外人的损害，相当于产品对第三人的损害。对车外人的损害主要是指汽车对非机动车、行人和其他交通参与者的损害，前文已对此类损害有所说明，此处不再赘述。对车内人的损害主要是指汽车对乘客的损害，这部分

---

① ［美］胡迪·利普森、梅尔芭·库曼:《无人驾驶》，林露茵、金阳译，文汇出版社2017年版，第332－333页。

损害与机动车交通事故侵权有所不同。

机动车交通事故侵权中的损害，并不包括对车内人的损害，因为这种侵权是由于驾驶人的过错造成的，其证成思路是驾驶人的过错使行为性质发生了从普通行为到侵权行为的转变，而侵权行为又造成了一定的损害结果。这种证成思路的前提是，对车外人造成了损害；若车外人是非机动车或行人，那么机动车相对于车外人而言，就是强势一方，驾驶人负有比非机动车或者行人更多的注意义务；若车外人是其他机动车的驾驶人或乘客，那么机动车相较于车外人而言，是地位相对平等的一方，驾驶人负有与其他机动车驾驶人同等的注意义务。但对于车内人来说，一方面，驾驶人对自己造成的损害属于自甘冒险，驾驶人因其过错而自担损失；另一方面，驾驶人对车内乘客负担的注意义务，要远低于对车外人的注意义务，毕竟相较于车外人来说，驾驶人更注重对车内人的安全保障。也就是说，驾驶人的侵权行为针对的是车外人，而不是车内人。因此，在机动车交通事故侵权中，这种对搭乘人的损害，适用一般的侵权规则，而不适用机动车交通事故侵权的规则。

但在产品侵权中，自动驾驶汽车被视为产品。这种产品缺陷的潜在威胁，针对的是产品进入流通领域后所面向的一切人，这里的"一切人"是不特定的交通参与人，既包括车外人，也包括车内人。虽然产品责任是一种无过错责任，但产品的无缺陷本质上就是生产者对其他人的质量保证，这种质量保证面向的是一切人，而不区分车内人或车外人，甚至在某些交通事故中，车内人会遭受比车外人更严重的损害。因此，在自动驾驶汽车的产品缺陷侵权中，生产者既要对车外人的生命健康和财产安全负责，也要对车内人的生命健康和财产安全负责。

3. 因果关系的推定

如上所述，自动驾驶汽车侵权中的因果关系较难判别，尤其是产品侵权中的因果关系。对于这一问题的解决，实践中有两种可供选择的路径：一种是通过一些专门技术和专业人员，对汽车侵权进行专业化的事故分析，如"黑匣子"技术和专家鉴定结论；另一种是受害人仅负有初步的举证责任，证明损害是由汽车碰撞导致的,生产者则需证明二者之间不存在因果关系。对此,很多学者主张通过第一种路径来解决因果关系不明的问题。① 引入"黑匣子"技术和专家鉴定结论确有必要,但举证责任应当由生产者承担。毕竟无论是"黑匣子"技术还是专家鉴定,都需要一笔高昂的费用。虽然"黑匣子"安装在自动驾驶汽车中,但对"黑匣子"信息的读取,仍然需要一些专业的模拟设备,这些模拟设备的使用需要一定的花费。进行专家鉴定时需要的费用,自不待言。虽然上述费用可能会因胜诉而获得补偿,但毕竟受害人要对此预先支付。受害人若无法支付上述费用,或者没有通过上述方式进行举证,则可能承担败诉的风险。因此,即使引入了"黑匣子"技术,重视了专家鉴定结论,也无法充分保障受害者的利益。而就第二种路径来说,对生产者苛以更严格的举证责任,是对整个社会运行效率的综合考量,其理由主要体现为以下两点。第一,有利于充分保障受害者利益。在因果关系推定的情况下,受害者不需要为证明因果关系而付出高昂的鉴定费用、模拟设备使用费,也不需要承担因果关系举证不能的败诉风险。毕竟在交通事故中,除被人嗤之以鼻的"碰瓷儿"业务外,大部分受害之人仍有其"可怜之处"。法律不能自顾自地将"一碗水端平",而应当将实质正义搬到"台面儿"上来,维护社会秩序的稳定运行。第二,这样的制度设计有利于生产者对产品进行优化。更多的责任意味着更谨慎的行为,不能将一切责任都归于生产者,但也不能免除其本应承担的责任。从成本效益的角度来说,对生产者苛以更严格的举证责任,并不意味着生产者要对自动驾驶汽车造成的一切侵权问题负责。也就是说,若自动驾驶汽车不存在缺陷,或者仅存在轻微瑕疵,那么产品责任从根本上就不适用。而为了避免承担这一责任,生产者必然会严格规范生产流程,提高产品质量。这不仅有利于提高社会运行效率,还能体现生产者的社会责任,帮助生产者树立良好的企业形象,从"混合战略"的层面提高企业的核心竞争力。

---

① 牛彬彬:《我国高度自动驾驶汽车侵权责任体系之建构》,载《西北民族大学学报(哲学社会科学版)》2019年第3期,第177-188页。

四、自动驾驶汽车交通侵权的责任承担

(一) 自动驾驶程序设计者的责任

自动驾驶程序设计者的责任,主要体现在程序设计错误和模块代码错误两个方面,具体如下所述。

1. 程序设计错误时的责任

现今社会,虽然 Java 仍占据着编程语言的半壁江山,但 Python 在人工智能领域的地位,亦不可不令人重视。Python 语言因其简单、实现功能多元化、拥有强大第三方库等特点,成为自动驾驶系统的首选。Anaconda 语言编辑器具有一定的智能性,能够自动识别一些基本的语法错误。但 Python 本身并不是简单的语言堆砌,而是嵌套了大量的语法结构,因此程序中会出现非语法的错误。当然,程序员能够通过调试的方式减少此类错误,但无法完全避免。毕竟编写程序是一项庞大且复杂的工作,程序员难以面面俱到。

虽然编写的程序可能会出现错误,但这种错误并不是造成系统缺陷的主要来源。系统缺陷的主要来源应该是程序最初的功能设计错误,即设计者对实现功能及安全性的设计存在疏漏。由于程序员是按照已定的实现功能来编写代码的,所以这种设计环节的疏漏无法被程序员察觉,甚至无法通过后期的调试来排除。不难发现,任何产品都需要经过更新换代,不断地优化其自身的性能。对产品的更新换代,是程序员对现有的漏洞进行修复,而这种漏洞就是所谓的"系统缺陷"。从因果关系的角度来看,这种系统缺陷是由于设计者的过错造成的,在当今"自己责任"的法律体系下,设计者理应为其错误负责。从成本效益的角度来看,设计者对于错误的排查,相较于生产者、销售商、消费者、受害者来说,更具有可操作性和成本优势,这使得设计者能够拿出多余的人力、物力、财力,以减少或避免程序错误,消除系统缺陷。以上两点,成为自动驾驶程序设计者承担侵权责任的法理基础。

现阶段,国内外自动驾驶汽车的生产模式主要有两种:一是自动驾驶程序设计者与自动驾驶汽车生产者为同一主体,如国外的特斯拉;二是自动驾驶程序设计者与自动驾驶汽车生产者相分离,如华为与其他车企的合作。在

第一种模式下,由于设计者与生产者为同一主体,所以无须区分不同责任主体,虽然企业内部可能会对设计环节、装配环节进行分工,但企业法人仍是最后的责任承担主体,因此不需要对程序设计者的责任进行单独讨论。在第二种模式下,程序设计者并不隶属于汽车生产者,而仅仅为车企提供全部或部分的自动驾驶车载系统。此时,就不能将不同主体的责任混为一谈,而应当单独讨论自动驾驶程序设计者的责任问题。①

在侵权责任形态上,程序设计者、汽车生产者、销售者三者之间应当是一种不真正连带关系。这样的规则设计,主要是基于以下两点考量。第一,不真正连带责任的设计初衷是,最大限度地保护受害人的利益,而程序设计者与生产者、销售者的对外连带,更能充分地保护受害人。在某一企业破产的情况下,其他承担连带责任的主体,仍负有向受害人承担赔偿损失的义务。第二,由于自动驾驶汽车本身具有一定的技术性、专业性,受害人无法判断事故的发生是由于汽车本身的制造问题,还是程序的设计缺陷,也无法在设计者、生产者之间进行明确的责任划分,因此为了充分保护受害人,减轻受害人的举证负担,程序设计者应当同汽车生产者、销售者一起承担无过错的产品责任。

2. 模块代码错误时的责任

Python 一直被认为是人工智能和机器学习的基础语言,虽然其中一些复杂的程序仍需要成百上千行代码的支撑,但这种代码的数量远少于其他编程语言的代码量。之所以 Python 能够如此简洁化、智能化,除了函数封装的原因外,丰富的模块代码也是关键原因之一。在 Python 编辑器中,被誉为"Python 之父"的吉多·范罗苏姆为编程者内置了大量的模块代码。这些模块代码作为一个集合,为编程人员实现部分编程功能提供了便利,编程者只需导入相应的模块库,就能减少大量的代码编写工作。例如,Matplotlib 库能帮助编程人员实现散点图、直方图的绘制,Turtle 库能帮助编程人员执行分形树等画图操作,Numpy 则能帮助编程者实现随机数的生成。

---

① 杨立新:《用现行民法规则解决人工智能法律调整问题的尝试》,载《中州学刊》2018 年第 7 期,第 40 – 49 页。

Python 编辑器的版本在不断更新，内置的模块代码也在不断更新。那么在模块代码出现错误的情况下，谁应当为自动驾驶汽车的侵权行为负责呢？笔者认为，此时程序设计者仍应当承担侵权责任，其理由包括如下三个方面。第一，自动驾驶汽车本身就是一个复杂技术的集合体，虽然它是为了减少交通问题而诞生的，但在交通事故无法避免的情况下，仍然需要确定一个责任主体，以维护受害人的利益。在受害人能够知道的情况下，生产者、销售商、设计者和驾驶人，都可能成为侵权责任的承担者。但受害人可能对模块代码的设计者并不知情，无法要求其与其他主体承担连带责任或者单独承担责任。一方面，连带责任本身是为了更好地保护受害人，在受害人对责任主体不明确的情况下，连带责任也就无从谈起；另一方面，模块代码的设计者单独承担责任，对受害者的保护十分不利。因此，我们不能跳过程序设计者，让受害人舍近求远地寻求救济。第二，模块代码的设计者仅仅是为 Python 语言的编写提供了面向过程的服务，其并没有预见甚至无法预见编程人员利用模块代码设计自动驾驶汽车程序。如果强制要求模块代码的设计者承担自动驾驶汽车的侵权责任，就会造成因果关系链条过长，使得侵权责任的追溯无休无止。而这种无休无止的追溯，不仅会增加司法机关的诉讼负担，还会导致受害人不能及时得到补偿，损失无法得到及时填补。第三，模块代码错误本身也是程序设计错误的一部分。在程序设计过程中，程序设计者可以通过代码编辑器的纠错功能予以检查；在程序设计完成后，程序设计者仍然可以通过调试、内测或者试运行，来对比程序实现的功能和预期功能之间的差异。也就是说，即使模块代码出现错误，程序设计者也能通过一些措施予以排除。综上所述，虽然交通事故发生是由错误的模块代码造成的，但基于对受害人利益保护、因果关系链条过长、程序设计者的过错等多种因素的考量，自动驾驶汽车程序的设计者应当承担责任。在自动驾驶汽车的程序设计者承担责任后，其可以向模块代码的提供者主张违约责任。

（二）生产者的责任

关于生产者的责任，本部分主要从责任承担的原因、补充责任及发展风险抗辩免责事由的排除适用等角度予以分析，具体如下所述。

1. 责任承担的原因

一是防止损害发生的成本优势。从法经济学的角度来看，在进行责任分配时，不仅要考虑行为人的主观过错，还要考虑行为人防止损害发生的成本。换言之，应当从增进社会福祉的角度，设计出各方当事人都能接受的制度。

相较于其他主体来说，生产者更具有防止损害发生的成本优势。为了说明这一成本优势，需要比较不同主体对于防止损害发生的代价。对受害人来说，受害人防止损害发生的方法是减少或者被禁止出行。在这个关系愈加复杂的现代社会中，人与人之间的交互必不可少，人们不可能像鲁滨逊那样，生活于某个孤岛上，与世隔绝。因此，禁止受害人出行是不现实的，这涉及的不仅是个人成本的问题，更是社会成本的问题。因为交通侵权的受害人多为行人，所以减少或禁止受害人出行，实际上是在鼓励人们乘车出行，这种鼓励无疑会加剧交通拥堵、环境污染等。

消费者在防止损害发生方面，则需要通过减少汽车出行或者抑制购买欲望的途径来实现。减少汽车出行看似是一种利人利己的行为，但对于当前问题的解决而言，并无实质作用。毕竟汽车在造成一系列社会问题的同时，也便利了人们的生活，提高了人们的出行效率。减少汽车出行，虽然能减少社会问题，但也会增加人们的时间成本。那么在社会问题与时间成本之间，应如何抉择呢？二者本身并无可比性，"一寸光阴一寸金"，光阴固然值得我们留恋，但身心健康、幸福感似乎也不可或缺。是以，我们可以对二者的替代解决方案进行比较。社会问题的减少，除了可通过减少汽车出行予以实现，还可以通过升级技术、社会管制、宣传教育等手段来实现；而时间成本的降低，除了汽车出行的方案外，只能通过压缩其他工作的时间来补偿。从上述替代方案来看，升级技术、社会管制、宣传教育等手段比减少汽车出行更具有可行性；而压缩其他工作的时间，会引发更多的社会问题，甚至会造成社会财富的减少。因此，减少汽车出行的方案，并不可行。此外，抑制购买欲实际上是在抑制消费需求，也会打破供求曲线，减少社会财富，因此它也不是一种有利方案。总而言之，我们无法将防止损害发生的义务，强加给消费者。

对生产者来说,为了防止损害的发生,生产者需要在汽车设计、警示、生产的过程中更加审慎。这虽然需要生产者付出更多的人力、物力、财力,但这种付出是产品生产的应有之义。同时,这种付出能够帮助生产者树立良好的品牌形象,从竞争战略的角度来看,品牌形象、质量保证会帮助企业取得更大的竞争优势,并最终导致利润的提高。① 因此,在防止损害发生方面,虽然生产者要付出一定的成本,但这种成本是必要的,且有利于企业的长远发展。

二是信息获得的成本优势。在自动驾驶汽车领域,生产者对汽车的性能、构造、风险有更深入的了解,其能够预估汽车可能存在的风险,甚至能够对未来责任承担的成本予以大致判断,并将这些成本体现在价格之中。同时,大数据不仅能帮助企业降低风险,而且能为企业带来一定的利润。一方面,企业能够通过大数据分析市场中的供求变化,提高订单的预期性和可预测性,为企业的生产经营提供指引。另一方面,企业能够利用客户信息获得更多利润。除了增加产品附加值,这些信息还能帮助企业扩展业务,为多元化经营提供稳定的客户源。因此,既然企业因大数据提高了利润,其也应当承担更多的义务,这不仅是企业机会风险的体现,更是侵权责任保护中的应有之义。

2. 补充责任的承担

《民法典》第1198条和第1201条规定了两种补充责任的类型,给一些特殊主体增加了安全保障义务,在这些主体未尽到安全保障义务、发生第三人侵权的情况下,其应当承担相应的补充责任。② 从《民法典》的规定来看,承担补充责任的主体主要是公共场所和负有管理职责的机构,这类场所和机构的管理者对其占有的不动产有一定的管领力和支配力。而社会公众一旦进入这种场所或机构,就处于其管理者的管领力和支配力之下。同时,社会公众的进入,往往会给这些场所和机构带来一定的利益,利益的增加也意味着

---

① [美]迈克尔·波特:《竞争战略》,陈丽芳译,中信出版社2014年版,第32页。
② 《民法典》第1198条规定:"……因第三人的行为造成他人损害的,由第三人承担侵权责任;经营者、管理者或者组织者未尽到安全保障义务的,承担相应的补充责任……"第1201条规定:"无民事行为能力人或者限制民事行为能力人在幼儿园、学校或者其他教育机构学习、生活期间,受到幼儿园、学校或者其他教育机构以外的第三人人身损害的,由第三人承担侵权责任;幼儿园、学校或者其他教育机构未尽到管理职责的,承担相应的补充责任……"

责任范围的扩大。基于这种管领力、支配力和利益的增加，由此类主体为其过失承担相应的补充责任，应是当然之理。

基于此，在自动驾驶汽车侵权中，生产者也应当承担相应的补充责任。可能有人会认为，《民法典》中的补充责任仅限于公共场所，自动驾驶汽车并不属于这里的"公共场所"。但笔者认为，一方面，《民法典》和学说理论并没有对补充责任进行限定。经营者的安全保障义务也是经由实践发展而来的，我们不能以现有规定否定将来立法的可能性；另一方面，仅《民法典》第1198条规定了公共场所，但须注意的是，除了公共场所之外，群众性活动的组织者、教育机构的管理者也均负有安全保障义务。当然，我们无法将"群众性活动"视为公共场所。《民法典》第1201条规定中所谓的"教育机构"，则是针对无民事行为能力人和限制民事行为能力人而言的，并非包括所有的"教育机构"；同时，第1201条规定中的"教育机构"通常采用的是封闭式管理模式，而非开放性场所，也不是所谓的"公共场所"。

从补充责任的法理基础来说，除了场所或机构管理者的管领力和支配力，补充责任还旨在为受害人寻求救济便利。无论是"公共场所""群众性活动"，还是"教育机构"，这些主体承担的补充责任都是针对第三人侵权的情形，而这里的"第三人"往往是不确定的主体。也就是说，受害人无法直接请求第三人承担赔偿责任，或者请求第三人承担赔偿责任的成本过高。同理，生产者的补充责任，针对的是黑客、乘客、5G网络运营商的侵权。由于黑客、乘客这两类主体不确定，受害人无法直接要求他们承担责任。虽然国内的5G网络运营商屈指可数，但网络服务的具体提供者、网络问题与事故发生的因果关系等，使得受害人请求这类主体承担责任也有一定的困难，而且即使受害人能够要求5G运营商承担责任，这种责任对受害人的保护也远远不够。因此，从受害人的救济角度来看，应当让生产者为黑客、乘客、5G网络运营商的侵权行为，承担相应的补充责任。

就补充责任承担的前提而言，《民法典》中规定的两种补充责任，针对的是管理者、组织者、教育机构等违反安全保障义务的情形。若上述主体尽到了安全保障义务，其就无须承担补充责任。所以，生产者承担补充责任的前提，也应当是对安全保障义务的违反。但这种安全保障义务，不同于《民法典》中规定的安全保障义务，其主要体现在两个方面：一是对汽车质量安全的保证；二是对行人、非机动车的安全保障。换言之，生产者应当为防止第三人侵权而采取一定的措施。例如，生产者应当及时修补系统漏洞，并采取有效的防止黑客入侵的措施；应当设计离线行驶程序，以应对网络故障问题；还应当设计一定的防干扰驾驶装置，防止乘客对驾驶人、驾驶系统的干扰。若生产者未采取上述防止第三人侵权的措施，那么生产者应为事故的发生承担相应的补充责任。

3. 发展风险抗辩免责事由的排除适用

在侵权责任中，免责事由与归责原则、构成要件同等重要，它决定了加害人在多大范围内承担责任。在《民法典》中，发展风险抗辩作为产品侵权的一项重要免责事由而存在，其主要目的是防止法律对生产者的过度束缚，阻碍技术进步。那么在自动驾驶汽车的产品侵权中，生产者是否还能适用发展风险抗辩的免责事由呢？部分学者认为，为了鼓励自动驾驶汽车的研发，应当允许发展风险抗辩的存在，不能一味地对生产者苛以过重的责任。[1] 但笔者认为，在自动驾驶汽车的产品侵权中，应当排除生产者对发展风险抗辩的适用。

首先，现阶段的自动驾驶技术仍然不太成熟，自动驾驶汽车也仍然是一种不太成熟的产品。笔者并不否认，甚至坚信，在无人驾驶汽车盛行、智慧交通系统发达的时代下，人们的出行会更加便利、交通事故发生率会大幅降低。但由于不同企业研发自动驾驶汽车的路径不同，在未来的一段时间里，道路上会出现各级别自动驾驶汽车并存的局面。在这种局面下，我们很难判断何为"现有的科学技术水平"，也很难给自动驾驶技术确立标准。所以，在何种情况下适用发展风险抗辩，本身就存在不确定性。而这种不确定性，会让生产者的责任得到免除，使受害人的损失无法得到弥补。

其次，在现阶段自动驾驶汽车的研发中，最大的技术难题并不是保证驾驶系统如何快速决策，而是如何准确地识别行人、其他车辆以及障碍物。对

---

[1] 杨立新：《自动驾驶机动车交通事故责任的规则设计》，载《福建师范大学学报（哲学社会科学版）》2019年第3期，第84页。

于自动驾驶汽车来说，它的识别能力不是与生俱来的，而是编程者通过计算机语言、神经网络对人类视觉系统进行模仿获得的。从自动驾驶汽车的原理来看，雷达、声呐、数码相机等设备，负责将物体的方位、距离、大小、形状等特征传递给驾驶系统，而驾驶系统通过与自身图片库的比对、匹配，实现对不同的物体进行分门别类。由于物体的运动、其他物体的遮挡或重叠等原因，感知系统对图像的获取，本身就是一项挑战。而与图片库比对、匹配的过程，会存在图片库的穷尽问题。上述技术问题，是现阶段各企业正在解决且在将来很长时间内仍需解决的问题。虽然这样的技术难题是生产者无法克服的，但其完全可以在技术完善之后，再将自动驾驶汽车投入市场，而不是在事故发生之后去改进技术。同时，在智能识别技术尚不成熟的情况下，自动驾驶汽车会有一定的危险性。我们不能让这份危险和责任由消费者或者受害者承担，否则就造就了一个实质的风险社会，增加了社会的不安定因素和公众的恐慌。

再次，发展风险抗辩的排除适用，能够督促生产者积极发展技术，发现产品缺陷，并采取积极的措施进行补救。在侵权责任法中，责任意味着更谨慎的行为。① 作为高新技术产业，自动驾驶汽车对于生产者来说，意味着更多利润的获取。由于自动驾驶技术不太成熟，生产者有义务对自动驾驶汽车流通后的情况进行跟踪监测，对自动驾驶技术进行及时更新，并对有问题的自动驾驶汽车及时召回。发展风险抗辩的适用，只会导致生产者对技术改进存在消极懈怠心理。毕竟产品研发、技术改进，意味着更大的成本。同时，从内部控制应用指引的角度来说，无论是营利企业还是非营利企业，都要承担一定的社会责任。② 发展风险抗辩的排除适用，能促使生产者积极承担社会责任，促使自动驾驶技术更加成熟。

最后，发展风险抗辩的排除适用，并不区分自动驾驶汽车的级别。亦即，在 L3、L4 级别的自动驾驶汽车缺陷侵权中，生产者都不能通过发展风险抗辩来免除自身的责任。假设仅排除 L4 级别的自动驾驶汽车生产者的发展风险

---

① 王泽鉴：《侵权行为》（第三版），北京大学出版社 2016 年版，第 13 页。
② 《企业内部控制应用指引第 4 号——社会责任》第 1 条规定："为了促进企业履行社会责任，实现企业与社会的协调发展，根据国家有关法律法规和《企业内部控制基本规范》，制定本指引。"

抗辩,而允许 L3 级别的自动驾驶汽车生产者援引这一免责事由,就会导致生产者致力于 L3 级别的自动驾驶汽车的研发与销售,而对于安全性更高的 L4 级别的自动驾驶汽车却怠于研发。这样的制度设计,不仅会阻碍技术进步、产品创新,还会延缓整个智慧交通系统的实现,背离了自动驾驶汽车的设计初衷,使法律所应实现的社会效果大打折扣。

综上所述,应当排除自动驾驶汽车生产者对发展风险抗辩的适用。当然,对发展风险抗辩的排除适用,并不意味着生产者在一切情况下都要承担责任。受害人故意、产品未投入流通等事由,仍可使生产者免于承担责任。同时,为了帮助生产者分散风险,法律可以建立配套的产品责任保险制度。①

(三) 驾驶人的责任

对于驾驶人而言,除了考虑驾驶人应承担的单独责任,还应注意是否存在免责事由,如受害人故意、紧急避险等。

1. 驾驶人的单独责任

在自动驾驶汽车侵权责任中,程序设计者、汽车生产者、汽车销售者之间是一种连带责任的关系。那么驾驶人作为自动驾驶汽车侵权的责任主体之一,其是否应当与上述主体承担连带责任呢? 部分学者对此持肯定观点,理由是可以充分保护受害人的利益。然而,这种制度设计看似维护公平正义、保护受害人,实则混淆了不同类型的侵权责任,打破了现有的侵权责任体系。

首先,在自动驾驶汽车侵权的案件中,侵权责任确定的前提是明确具体的侵权类型。亦即,若事故是由驾驶人的行为造成的,那么这就是机动车交通事故侵权,由驾驶人承担相应的侵权责任;若事故是由产品缺陷造成的,那么这就是产品侵权,由设计者、生产者、销售者承担侵权责任。实践中,可能会出现驾驶人过失和产品缺陷同时存在的情形,但即便如此,在这类案件中,驾驶人一定是有责任的,受害人也会向驾驶人主张赔偿责任,提起机动车交通侵权之诉。毕竟承担连带责任的前提是,归责原则、构成要件须相同。若将两种不同侵权类型的责任主体归为连带关系,那么就会出现某一方

---

① 韩旭至:《自动驾驶事故的侵权责任构造——兼论自动驾驶的三层保险结构》,载《上海大学学报(社会科学版)》2019 年第 2 期,第 90 – 103 页。

主体不存在过错，却仍然要承担责任的情形。这实际上是对现有侵权责任体系的一种突破，因为过错责任下的主体不存在过错就意味着构成要件不完备，侵权责任也就无法成立。换言之，在驾驶人驾驶无过失的情况下，其不应当为生产者的产品缺陷负责，仅应承担10%的赔偿责任；在产品无缺陷的情况下，生产者也不应当为驾驶人的行为负责，否则就会加重生产者的责任。

其次，单独责任意味着行为人只对自己的行为负责，而连带责任意味着某个主体可能承担全部的赔偿责任。驾驶人作为自然人，其经济实力肯定不如法人或非法人组织，因此若一味地要求驾驶人与其他主体承担连带责任，则可能造成驾驶人在经济上存在困难。侵权责任的本质是补偿受害人，而非惩罚加害人；制度设计的初衷，应当是实现社会整体利益的最大化，而非顾此失彼，单纯地为了惩罚而惩罚。虽然受害人往往会理性地要求生产者承担责任，但不排除非理性的受害人基于情感宣泄而直接要求驾驶人承担责任的情形。① 一个主体的损失得到填补，另一个主体的损失扩大，这样的情形与法律所彰显的"公正"相去甚远。②

最后，在连带关系中，生产者承担全部的赔偿责任后，即使驾驶人主观上并不存在过错，生产者也能在10%的范围内向驾驶人追偿。原本10%的赔偿责任是为了保护受害人，但将驾驶人与生产者置于连带关系之下时，这10%的责任反而成了生产者分散风险的途径。不得不说，这样的设计实在是有违法理人情。同时，驾驶人需要为生产者的产品缺陷负责，而不是为其驾驶行为负责，这样的预见性标准，对于势单力薄的驾驶人而言，未免过于苛刻。

2. 受害人故意的免责事由

在传统的交通侵权领域，受害人故意是一项重要的免责事由，而这种免责事由与自甘冒险的法理基础相似。受害人理应为自己的行为负责，既然受害人选择故意碰撞汽车，那么其就已经做好了失去生命或健康的准备。③ 若

---

① 苏力：《法治及其本土资源》，北京大学出版社2015年版，第25-43页。
② [美]约翰·罗尔斯：《正义论》，何怀宏、何包钢、廖申白译，中国社会科学出版社1988年版，第11-17页。
③ 王利明：《侵权责任法》，中国人民大学出版社2016年版，第105-106页。

将此类损害归咎于驾驶人,则会造成双方利益的严重失衡,即驾驶人要为他人的行为负责,自甘冒险者反而因此获利。长此以往,必然会助长社会不正之风,导致"碰瓷儿"行业的泛滥。当然,受害人故意中的"受害人",应当是完全民事行为能力人。非完全民事行为能力人无法判断自己行为的性质和后果,其故意碰撞汽车的行为,不属于此处的"受害人故意"。① 在监护人有过失的情况下,驾驶人的责任可以被适当减轻,但不能免除。

自动驾驶汽车侵权也是如此。在自动驾驶汽车侵权中,驾驶人责任仅产生于L3级别的自动驾驶汽车的侵权案件中。虽然自动驾驶汽车有一定的智能性,但无论何种程度的自动驾驶,都只能减小损害发生的可能性,而无法完全避免损害的发生。我们不能因为汽车智能性的提高,而增加驾驶人的义务和责任,更不能将他人的行为归咎于驾驶人,否则就会使法律失去其公平、正义的基石。在讨论驾驶人责任时,实际上就确定了该侵权为机动车交通侵权。既然是机动车交通侵权,那么就应当区分超过10%的赔偿责任和不超过10%的赔偿责任。从法律解释的角度来看,《道路交通安全法》中所规定的"受害人故意碰撞机动车",暗含了"驾驶人主观上没有过错"的解释。若驾驶人存在主观过错,那么驾驶人的责任应当大于10%,"受害人故意碰撞机动车"就成为一项责任减轻事由。从10%的赔偿责任角度来看,驾驶人的责任虽然能够成立,但由于法律的规定,"受害人故意"成为一项免责事由。如上所述,这一免责事由是利益衡量的结果,虽然汽车的自动化级别不同,但这种利益衡量都是基于社会秩序稳定和社会高效运行而言的,因此"受害人故意"应当成为驾驶人侵权时的免责事由。

3. 紧急避险的免责事由

《民法典》第182条规定了紧急避险的相关内容。② 紧急避险作为侵权责任的一项免责事由,目的是鼓励行为人对更大的法益予以保护,其当然地适用于传统交通侵权领域。在该领域中,这一免责事由并无太大的争议,毕竟

---

① 程啸:《侵权责任法》(第二版),法律出版社2015年版,第299页。
② 《民法典》第182条规定:"因紧急避险造成损害的,由引起险情发生的人承担民事责任。危险由自然原因引起的,紧急避险人不承担民事责任,可以给予适当补偿。紧急避险采取措施不当或者超过必要的限度,造成不应有的损害的,紧急避险人应当承担适当的民事责任。"

价值位阶为紧急避险的适用提供了方向性的指引。但在自动驾驶汽车侵权领域中,这一问题似乎变得复杂。一方面,在"人车混合"的驾驶模式下,紧急避险的免责事由是否还能适用?另一方面,系统的避险决策损害他人利益时,应当由谁赔偿受害人的损失?

关于第一个问题,笔者认为,仍然应当区分驾驶人的驾驶行为和系统的决策行为。若紧急避险的决策是由驾驶人做出的,那么在符合紧急避险条件的情况下,驾驶人可以因为该免责事由而免责。若紧急避险的决策是由系统做出的,那么相关责任主体不能主张紧急避险这一免责事由。在前一种情况中,由于驾驶人未启动自动驾驶功能,此时的自动驾驶系统对驾驶行为并无影响,所以在符合紧急避险条件的情况下,驾驶人能够因为紧急避险而免责。在后一种情况中,紧急避险行为完全是基于算法做出的决策,并无驾驶人意志的介入。我们不能简单地将系统的决策视为驾驶人决策的延伸,毕竟系统的决策是不受驾驶人控制的。系统的决策如何,完全取决于内部算法如何,而这里的算法是不能为驾驶人所知的。同时,这种算法的决策过于机械,其并不会考虑道德伦理问题,其对价值冲突的解决可能会有悖于人们的情感。①从这一点来看,紧急避险不能适用于自动驾驶状态下的交通侵权。除此之外,也无法让生产者因为紧急避险而免责,毕竟生产者对于紧急避险的事实无法预知,不符合紧急避险的现实性、紧迫性条件。② 因此,在自动驾驶汽车交通侵权案件中,只有在驾驶人独自驾驶的情况下,紧急避险才有适用的余地。

虽然系统的决策无法构成紧急避险,但这种避险决策给他人造成的损害,不能由受害人自己承担。实际上,系统的这种避险行为是一种侵权行为。既然如此,责任主体无非有两类,一是驾驶人,二是生产者。其中,首位的责任主体,应当是生产者。毕竟生产者是汽车的制造者,汽车如何避险、如何进行价值取舍等问题,都被生产者写入了算法之中。系统的避险行为在一定程度上体现了生产者的意志,若系统做出了不适当的决策,造成了他人的损害,这就意味着自动驾驶汽车存在硬件或者系统缺陷。在符合产品责任构成

---

① 陶盈:《机器学习的法律审视》,载《法学杂志》2018年第9期,第55-63页。
② 杨立新:《侵权责任法》(第三版),法律出版社2018年版,第174-175页。

要件的情况下,可以追究生产者、设计者、销售者的侵权责任。

除了确定生产者的责任,还应当审视驾驶人的责任。一方面,驾驶人的"警惕+接管"义务,决定了驾驶人应当及时纠正系统的行为。在系统的避险决策不适当且系统警示或驾驶人已注意到的情况下,若驾驶人未及时纠正系统行为,则其应当赔偿他人所遭受的损失。驾驶人承担赔偿责任后,可以向生产者进行追偿。另一方面,既然系统的避险行为造成了他人的损害,就说明系统的决策是有利于驾驶人的,驾驶人从系统的决策中获得了利益。在产品责任和机动车交通事故责任都不成立的情况下,驾驶人应当给予受害人一定的补偿。

(四) 其他需要承担责任的主体

除了前述讨论的责任主体,还有些可能承担责任的主体,如黑客、5G网络运营商,也值得我们注意。

1. 黑客

黑客侵权可以分为两种类型:第一种是生产者网络安全防护措施疏漏情况下的黑客侵权;第二种是生产者网络安全防护措施无疏漏情况下的黑客侵权。其中,第一种情形中,生产者应当因其系统漏洞承担补充责任;第二种情形涉及的是一种纯粹的第三人侵权,应当由黑客最终承担责任。

针对第一种情形,生产者应当保证自动驾驶系统的安全性。这不仅要求生产者将汽车投入流通领域时,采取相应的系统安全防护措施以保证没有系统漏洞,还要求生产者对投入流通领域的汽车进行定期的系统监测,对出现的漏洞及时修复,对黑客的入侵及时采取措施,以防止损失扩大。[①] 生产者若未尽到上述安全性义务,则应对自动驾驶汽车的侵权,承担相应的补充责任。

针对第二种情形,黑客是直接侵权人,适用一般的侵权规则。黑客破坏自动驾驶系统的方式有两种:一种是盗取用户数据,暴露用户个人隐私;另一种是制造并传播虚假数据,造成自动驾驶汽车对驾驶环境的误判。前者涉

---

① [美]胡迪·利普森、梅尔芭·库曼:《无人驾驶》,林露茵、金阳译,文汇出版社2017年版,第86页。

及个人隐私和个人信息权的问题,本书不详细论述。后者造成的是自动驾驶汽车交通侵权,但这种侵权无法归为驾驶人或汽车所有人的责任,毕竟黑客的侵权行为是不可预见的,且驾驶人或所有人也没有承担该损失的能力。同时,此种侵权责任也不应当由生产者承担。在生产者尽到系统维护和漏洞修补义务的前提下,一味地让生产者承担责任,也会抑制生产者研发自动驾驶汽车的积极性。因此,黑客作为直接侵权人,应当为其破坏系统的行为,承担自动驾驶汽车的侵权责任。当然,在此种情形中,让受害人直接向黑客主张赔偿责任并不现实,也没有充分考虑受害人的利益,容易造成"人人自危"的局面。对此,笔者建议,应当进行配套的制度设计,如汽车强制保险、汽车产品责任保险、第三人责任保险等,在保险人先行赔付之后,再由保险人向作为直接侵权人的黑客追偿。这样的制度设计思路在《民法典》中已有所体现,如《民法典》第1216条规定了驾驶人在逃逸时的受害人保护问题。① 在驾驶人逃逸的情况下,受害人寻求救济也有一定的困难,此时保险人应当先行赔付。当然,无论是何种类型的保险,都不会给汽车所有人、生产者造成过重的负担,在系统定期维护的前提下,黑客入侵并不会成为常态,保险人不会因此增加保险理赔金额。

2. 5G 网络运营商

通过检索"网络运营商""中国移动""中国联通""中国电信"等词条的相关案例,其中以网络运营商为直接侵权人的纠纷,主要为知识产权侵权、光缆等物件致害侵权,并没有因网络延迟而造成人身损害的情形。换言之,在过往的案件中,网络延迟只能造成财产损害,无法造成人身损害;与网络运营商有关的人身损害,只能由物件坠落、违反安全保障义务等原因造成,而非网络延迟。这是因为在5G网络出现之前,互联网只是人类信息交互的工具。无论是网络通信、网络购物,还是网上订餐,互联网的终端都是人类。

---

① 《民法典》第1216条规定:"机动车驾驶人发生交通事故后逃逸,该机动车参加强制保险的,由保险人在机动车强制保险责任限额范围内予以赔偿;机动车不明、该机动车未参加强制保险或者抢救费用超过机动车强制保险责任限额,需要支付被侵权人人身伤亡的抢救、丧葬等费用的,由道路交通事故社会救助基金垫付。道路交通事故社会救助基金垫付后,其管理机构有权向交通事故责任人追偿。"

但随着 5G 网络技术的发展，智能家居、工业 4.0、智能汽车等不再是遥不可及的事物，人类与物体的交互、物体与物体的交互，成为科学家、工程师研究的重点，因网络延迟而造成的财产权、人身权侵权事件也会逐渐增多。在传统汽车交通侵权中，网络运营商往往以次要责任人的身份出现，事故的发生也主要是由于基站、光缆的损坏而造成的。但是，在自动驾驶汽车交通侵权中，网络是影响自动驾驶汽车研发的重要因素，也是影响驾驶安全的重要问题。因此，讨论网络运营商的责任，显得尤为必要。

网络运营商的义务包括基站的维护和修理义务、特殊地区的网络覆盖义务。就前一种义务来说，网络运营商应当定期对基站、光缆等设施进行维护和修理。一方面，网络运营商应避免基站、光缆等物件致害事件的发生。另一方面，网络运营商应保证网络的通畅，防止因网络延迟而造成自动驾驶汽车定位失误，影响驾驶安全。就后一种义务来说，网络运营商应当在偏远地区、隧道、山区建设更多的基站，或者对基站进行特殊的技术处理，如远距离传输、穿墙等功能的增强。这是因为 5G 信号本身是一种不可见光，在遇到障碍时，它可选择的能够到达设备的方式有两种：一是直接穿过障碍物；二是绕过障碍物。无论是哪种方式，5G 信号本身的能量都会被削弱，信号强度也会受到影响。因此，在偏远地区、隧道、山区等特殊地区，网络运营商负有增加基站建设、对基站进行特殊技术处理的义务。

若网络运营商违反上述义务，那么其应当承担相应的侵权责任。这种侵权责任是一种过错推定责任。亦即，在具体的案件中，网络运营商应当证明自己尽到了上述义务，否则其主观就被推定存在过错。在符合其他要件的情况下，网络运营商应当承担侵权责任。同时，由于汽车生产者与网络运营商之间没有合作关系，汽车生产者不应当完全依赖于网络运营商的网络，其也应当设计相应的离线驾驶功能。在网络故障的情况下，汽车生产者应当确保自动驾驶汽车能够在离线地图中实现安全驾驶。若事故发生在离线地图的区域内，网络运营商与汽车生产者应按照过错程度承担责任。若自动驾驶汽车没有离线驾驶功能，汽车生产者应当因其设计缺陷承担相应的补充责任，网络运营商则是最终的责任承担者。

第四章

其他人工智能产品侵权责任研究

近年来，随着人工智能的发展，除了汽车、医疗这两大领域，人工智能技术应用的范围不断拓展，由此衍生的其他人工智能产品侵权的问题也层出不穷。平衡车作为新兴的人工智能产品，属于移动机器人，包含了智能控制、自动控制、传感技术、检查技术以及电子设计技术等内容的机器人系统，在汽车和电动车之外的行驶条件下，填补了公众对短距离出行的需求。① 本章将以平衡车侵权的相关案例为代表，研究其他人工智能产品侵权责任的问题。

一、其他人工智能产品

（一）其他人工智能产品的种类

在主流的汽车、医疗人工智能产品之外，大众生活中也离不开个人/家用服务机器人、公共服务机器人等多种类型的人工智能产品。个人/家用服务机器人按照用途，可以细分为家务机器人（如扫地机器人）、教育机器人（如学习机）、娱乐机器人、养老助残机器人、家用安监机器人、个人运输机器人等。公共服务机器人按照用途，可以细分为餐饮机器人（如送餐机器人）、讲解引导机器人（商场的导航机器人）、多媒体机器人、公共游乐机器人、公众代步机器人（如平衡车）等。这些产品基于其人工智能的特性，被统一地纳入其他人工智能产品，以便对该类产品的侵权责任问题进行系统化的研究。

（二）其他人工智能产品的发展

随着人工智能技术的不断发展，我国陆续发布了《中国制造2025》《新一代人工智能发展规划》《国家新一代人工智能标准体系建设指南》等文件，

---

① 项思哲、周依涛、郑炜炀等：《基于改进单神经元PID算法的平衡小车控制》，载《电子测量技术》2021年第13期，第68-72页。

极大地激励了人工智能行业的发展,其他人工智能产品也必将会在人类生活的方方面面中出现。然而,值得注意的是,以大数据和深度学习为基础、具有调节能力的其他人工智能产品,在使用过程中如果造成人身或者财产损害,侵权责任应当如何承担。在侵权责任类型、因果关系、归责原则等问题不明的情况下,被侵权人的损害难以得到实质性的救济。其他人工智能产品本身所具有的智能化与自主性可能会突破现有的侵权责任法律框架,如何面对其他人工智能产品带来的挑战,需要我们对现有的侵权责任制度加以充分的梳理和完善。

(三) 其他人工智能产品的典型代表——平衡车

2017年,国家标准化管理委员会发布的《电动平衡车通用技术条件》(GB/T 34667—2017)中明确给出了电动平衡车的定义,即它是一种基于倒立摆模型和静不稳定原理,配备有可充电的电驱动系统,以自主或人工操控模式来保持动态平衡的轮式载人移动平台。当前,不同种类的平衡车的工作原理是相同的。

平衡车作为可能危及人体健康、财产安全的工业产品,首先要符合保障人体健康和人身、财产安全的国家标准、行业标准;未制定国家标准、行业标准的,必须符合保障人体健康和人身、财产安全的要求。我国目前关于平衡车的国家标准主要有四则,即《电动平衡车通用技术条件》(GB/T 34667—2017)、《电动平衡车安全要求及测试方法》(GB/T 34668—2017)、《电动平衡车电磁兼容发射和抗干扰度要求》(GB/T 40309—2021)、《平衡车用锂离子电池和电池组安全要求》(GB/T 40559—2021)。

根据造型设计标准,平衡车的分类方法较为多样化,具体包括:①按车轮数量,可分为电动独轮平衡车、电动两轮平衡车和电动多轮平衡车;②按转向方式,可分为有驾驶杆电动平衡车和无驾驶杆电动平衡车;③按是否有座椅,可分为带座椅电动平衡车和无座椅电动平衡车;④按充电方式,可分为外置电源充电型电动平衡车和内置电源充电型电动平衡车。

(四) 其他人工智能产品侵权的特点

人工智能作为互联网大数据背景下的新兴产物,在引领科技迅速发展的同时，也带来了一系列新的法律问题。其他人工智能产品侵权责任的主体可能不再局限于《民法典》侵权责任编中规定的那几种类型，而是涉及司法实践的新领域，当然这也是学术界关注的热点问题。传统的侵权责任主体指的是侵权行为发生后，对侵权行为的受害方承担相应侵权责任的主体，包括自然人、法人和其他组织。根据《民法典》侵权责任编的规定，承担责任的侵权主体，首先要被法律承认主体资格。换言之，前述的自然人、法人和其他组织，都应符合法律规定，具有独立的法律人格，可以独立承担责任。而人工智能最终属于哪种类别尚没有定论，即使其在弱人工智能阶段被认定为产品，适用《产品质量法》的相关规定，但随着人工智能的发展，当强人工智能时代到来时，人工智能将不仅超越工具的价值属性，而且会具备独立实施行为的能力，此时仅适用产品规则恐怕不能很好地划分责任，无法完全保护被侵权者的正当利益。

以平衡车为例，通过在中国裁判文书网检索，可以发现不少侵权纠纷，其中多数是涉及产品责任的纠纷。值得明确的是，当前在产品责任的认定上，要依据我国《民法典》第1202～1207条的规定以及《产品质量法》的相关条款。

1. 其他人工智能产品侵权的行为类型复杂

平衡车等其他人工智能产品中运用的人工智能技术和运转工作原理，与一般产品相比，其涉及的侵权行为类型、责任承担方式等具有一些特殊之处。首先，其他人工智能产品的法律地位不明确。其他人工智能产品是作为法律上的主体而存在还是作为客体而存在，影响着其他人工智能产品在侵权责任中的定位。其次，适用的侵权责任类型不明确。关于其他人工智能产品侵权，理论界存在着适用产品责任的观点、高度危险责任的观点，还有主张饲养动物损害责任的观点，在这些侵权责任类型中，哪种责任更适用于其他人工智能产品，仍值得探讨。最后，侵权责任的归责原则以及举证责任的分配方式不明确。在确定了适用何种侵权责任更为适宜后，还应当考虑现有法律制度对其他人工智能产品侵权是否完全适合，需不需要制定特别的规定，使得法律责任更加合理公平，从而使其他人工智能产品在法治的轨道上更好地发展。

2. 其他人工智能产品侵权的事实认定困难

其他人工智能产品侵权行为的事实认定往往比较困难。尽管这些产品所搭载的控制系统、传感技术为使用者带来更佳的使用体验，但使用者并不能完全掌控机器的运行。究竟是使用者使用不当造成的损害，还是该类产品本身存在的缺陷等问题导致的侵权，需要当事人去举证证明，而关于产品缺陷的证明则需要由专业的鉴定机构进行鉴定。以平衡车为例，当前能够提供平衡车产品鉴定服务的机构的数量有限，而且鉴定所依据的国家标准主要有2017年发布的《电动平衡车通用技术条件》（GB/T 34667—2017）和《电动平衡车安全要求及测试方法》（GB/T 34668—2017），以及2021年发布的《平衡车用锂离子电池和电池组安全要求》（GB/T 40559—2021）。这些因素使得其他人工智能产品侵权事实的调查举证的难度较大。

二、其他人工智能产品的法律地位

探讨其他人工智能产品的侵权责任，首先应当解决的问题是由谁来承担责任。若要对这一问题予以回应，就需对其他人工智能产品的法律地位归属予以逻辑判断。当前人工智能产品的法律地位存在着主体说和客体说两种观点。主体说又分为代理说、电子人格说、电子法人说、有限人格说等观点。其中，代理说将人工智能视为其所有人的代理人，在这种场景下，人工智能的使用者与人工智能之间形成了民法上的代理人与被代理人；电子人格说主张要为人工智能创设一个特殊的法律地位，人工智能被确立为电子人并承担其造成的致害责任；电子法人说主张比照法人的主体地位，将人工智能作为拟制人；有限人格说则主张可以赋予人工智能产品之法律人格，但要予以一定的限制。而客体说是当前大多数国家所接受的观点，其认为人工智能仅作为权利的客体。在客体说的基础上，人工智能侵权责任可以按照产品责任、高度危险责任等原则划分责任。

事实上，当前的其他人工智能产品仍属于辅助人类生活的智能工具。首先，根据当前人工智能的发展阶段，其他人工智能产品还是由人类设计的算法进行操控，并未产生独立自主的意志。其次，其他人工智能产品作为人类的财产，在侵权事件中无法独立地承担相应的侵权责任。最后，赋予其他人工智能产品法律主体的条件也不完备。在人工智能的主体性标准存在技术障碍的情况下，确立其他人工智能产品的法律主体资格在司法实践上仍无法操作，且相关条款有可能被虚置。① 因此，其他人工智能产品仍属于法律客体。

在明确当前的其他人工智能产品的法律客体地位后，应当尽快完善相关的法律制度，构建起适用于其他人工智能产品的法律规则，从而对其他人工智能产品侵权的问题进行相应的规制。一方面，法律须聚焦于解决因新技术出现而造成的制度失灵。如果法律制度对人工智能技术的回应严重滞后，会导致人工智能领域的监管缺失，无力规制其他人工智能产品的侵权乱象；反过来说，法律的存在是对科技的保障与促进。因此，我国的法律制度应当对其他人工智能产品进行预判并给予适当的制度安排，从而实现科技与法律的良性互动。另一方面，法律虽不是封闭的静态体系，但就目前人工智能的发展阶段而言，不适合激进的立法。当前，对于其他人工智能产品的侵权责任问题，应当尽可能地将现行的法律规定适用于其他人工智能，从产品的侵权问题入手，对其他人工智能产品进行有限的立法或者法律解释。

三、其他人工智能产品侵权责任的类型

其他人工智能产品侵权责任中，主要涉及产品责任、高度危险责任及饲养动物损害责任等类型的适用，具体如下所述。

（一）产品责任的适用

根据我国《民法典》第 1202 条的规定，产品责任的构成要件包括产品存在缺陷、缺陷产品造成损失、缺陷产品与损害事实之间存在因果关系。除了证明损害事实与因果关系，如何证明产品存在缺陷是最为关键且困难的。除此之外，《产品质量法》第 46 条对缺陷产品进行了界定，即产品存在"不合理的危险"或产品不符合国家、行业标准，其中前者是一般判断标准，后者是法定标准。

---

① 付其运：《人工智能非主体性前提下侵权责任承担机制研究》，载《法学杂志》2021 年第 4 期，第 83 - 90 页。

1. 不合理的危险难以判断

平衡车等其他人工智能产品中蕴含着人工智能科技含量，无法避免"技术黑箱"问题，即使是专业人士，也可能无法准确判断产品有无缺陷、是否存在不合理的危险，更不必说缺乏专业知识的消费者或者使用者。在孙某某与小米通讯技术有限公司产品责任纠纷案①中，法院认为，涉案平衡车作为一款采用站立式驾驶方式的电动平衡车，使用者的身体过于倾斜或急加减速均可能导致使用者重心失稳而跌倒受伤，其在功能设计上具有一定的危险性，但并非所有的产品危险均为不合理的危险。法院还指出，产品不合理的危险是指与实现产品基本功能无必要的危险，或使用者尽了合理注意但仍无法避免的危险。本案中，涉案平衡车基本功能的设计是通过身体重心来操控车体运行，使用者的身体倾斜是无可避免的；同时，原告孙某某在骑行过程中保持身体重心的适当调整是可以避免危险发生的，故孙某某所主张的产品危险并非构成产品缺陷的不合理的危险。该案的二审法院也认为，平衡车本身不带有机械制动系统，完全依靠驾驶者的重心移动，靠其电机反转产生一个制动力来实现制动。这是平衡车的工作原理，亦是其区别于传统骑行工具的特点，并且商家以此作为卖点大力宣传。上诉人孙某某作为具有完全民事行为能力的消费者对此特点应属明知。基于平衡车的上述特点，平衡车的骑行者需反复练习，掌握重心变化的幅度和速度以避免摔倒。孙某某已独立骑行平衡车上路，说明其已熟练掌握平衡车的骑行技能，能够控制身体倾斜的幅度和速度。因此，孙某某以普通人难以控制身体倾斜角度和速度为由，主张案涉平衡车自身存在不合理的危险不能成立。

2. 缺陷产品认定标准不统一

其他人工智能产品在短期内很难出台较为统一的国家标准、行业标准，也难以同时实现法定标准内部的统一及外部的协调。即便能够出台相应的标准，法定标准与一般标准在适用上的冲突也仍将困扰缺陷产品的认定。在孙某某与小米通讯技术有限公司产品责任纠纷案中，原被告双方就因平衡车鉴定依据的标准产生争议，原告孙某某认为鉴定过程不符合《电动平衡车安全要求及测试

---

① 参见浙江省杭州市中级人民法院（2020）浙01民终5890号民事判决书。

方法》《电动平衡车通用技术条件》的规定，浙江某鉴定所则认为这两则标准属于推荐性国家标准，而《自平衡个人代步机器人》（Q/320412NCZ001—2015）为产品生产厂家纳恩博公司于2015年发布并实施的企业标准。在测试前，鉴定人员参阅了上述三个标准并了解其出台实施的背景，详阅了国家标准和企业标准的各项规定，发现上述标准在术语定义、测试方法等规定方面几乎一致，结合涉案平衡车的出厂日期及委托鉴定事项的内容，选择了一些性能试验项目进行测试，同时把上述标准作为鉴定依据。

3. 专业鉴定机构的数量和能力有限

目前尚未成立能够对人工智能侵权进行鉴定的专业鉴定机构，严重影响了相关案件中侵权责任的认定。在刘某与永康市龙吟工贸有限公司产品责任纠纷案[1]中，刘某于天猫"龙吟旗舰店"下单购买永康市龙吟工贸公司销售的电动双轮平衡车，刘某在道路上骑行该平衡车时，摔倒受伤，遂提起诉讼。法院委托鉴定，根据质量鉴定报告的结论，涉案产品的最高车速超过了《龙吟思维车使用手册》载明的最高车速，且超过最高车速时不发出告警信号，也没有持续翘板或其他保护，故涉案龙吟平衡车存在缺乏超速保护的质量问题。在于某父子与深圳市飞特威科技有限公司（以下简称飞特威公司）产品责任纠纷案[2]中，法院认为，由于平衡车是近几年新出现的时尚潮流物品，有能力和资质进行司法鉴定的机构不多，所以法院在当事人的配合下多次寻找委托鉴定机构，之后宁夏某检测科技有限公司表示可以对平衡车进行相关的鉴定。鉴定中，检测机构因为客观原因无法对涉案平衡车进行后续的安全性能测试，且无法区分是否为设备本身问题或长期空置导致，因此对该涉案平衡车不能得出明确的鉴定结论，检测机构作出终止鉴定的处理意见。由于现有证据证明不了涉案平衡车在产品质量上存在缺陷，亦证明不了原告从车上摔下就是因为产品存在缺陷所造成，更证明不了原告的死亡后果与产品质量存在直接唯一的因果关系，但法院认为，根据常理判断，驾驶者在失去平衡的瞬间极易从平衡车上摔下，令驾驶者失去平衡有可能是平衡车质量原因，

---

[1] 参见湖北省武汉市中级人民法院（2020）鄂01民终8019号民事判决书。
[2] 参见安徽省宿州市中级人民法院（2021）皖13民终1360号民事判决书。

有可能是驾驶者平衡操作和自身身体状况的原因，也有可能是涉案道路的路况原因。自平衡车上市以来，驾驶者因各种原因摔伤的事件也屡见不鲜。综合案件的具体情况，以上原因都有可能存在，所以法院认为可以认定生产者和驾驶者都有一定的过错。

（二）高度危险责任的适用

高度危险责任的典型特征为不可预测性。理性的人即使尽到了合理注意义务，往往也难以避免由于事物本身的危险性造成的损害，这与其他人工智能产品的特性相符合。另外，《民法典》中的高度危险责任除了列举的情形，还有兜底规定，这就为其他人工智能侵权预留了适用空间。有观点认为，高度危险责任的责任人限于为营业目的而从事高度危险作业的人，而此时人工智能的使用人或者营业人事实上都无法控制人工智能，人工智能有自己独立的判断系统，即使让人工智能的使用人、营业人承担责任，也无法起到防范、减少此类侵权发生的作用。① 诚然，其他人工智能产品适用高度危险责任规则，需要解决两个问题：一是其他人工智能产品侵权是属于高度危险责任中的高度危险物致损责任还是高度危险作业致损责任；二是自己责任的排他性问题。笔者认为，高度危险责任属于自己责任，因此若其他人工智能产品侵权为高度危险责任，则该人工智能产品的占有人、使用人、经营者为责任主体，但在这种情况下，生产者无须担责，这种责任承担似乎不太合理。

（三）饲养动物损害责任的适用

有观点认为，其他人工智能产品受人类管控的特性与饲养动物的情况较为相似，因此其他人工智能产品侵权责任可以参照饲养动物损害责任进行认定。关于动物致人损害时的处理原则和方法，《民法典》侵权责任编认为动物所有人虽然没有过错，但也应当对动物致人损害承担责任。虽然人工智能产品不是人工饲养的动物，但是人工智能产品具备自我学习的能力，其行动能力将会与动物脱离人的控制存在类似的情形。从保护受害人的角度来说，参照适用《民法典》侵权责任编的相关规定并不违反法律的立法目的。然

---

① 张安毅：《人工智能侵权：产品责任制度介入的权宜性及立法改造》，载《深圳大学学报（人文社会科学版）》2020年第4期，第112-119页。

而，根据《民法典》侵权责任编对饲养动物损害责任的规定，饲养的动物造成损害的，应当由动物的饲养人或者管理人承担侵权责任。相应地，其他人工智能产品侵权中，侵权责任的承担者就应当是其他人工智能产品的所有人和管理人。也就是说，饲养动物致人损害的责任承担通常发生在管理人（或者所有人）与受害人两个主体之间，而人工智能致人损害事件中还存在生产者与销售者两个主体，因此饲养动物损害责任对于其他人工智能产品侵权责任的适用只能处理管理人与所有人致人损害的情况。

四、其他人工智能产品侵权责任的主体

根据《民法典》侵权责任编第 1203 条的规定，因产品存在缺陷造成他人损害的，被侵权人可以向产品的生产者请求赔偿，也可以向产品的销售者请求赔偿。产品缺陷由生产者造成的，销售者赔偿后，有权向生产者追偿。

（一）侵权责任中的生产者

侵权责任中，对于生产者的认定，以及明确生产者的警示说明义务，具有重要意义。

1. 关于生产者的认定

基于加强受害者保护的考量，结合其他人工智能产品的特点，应当对生产者作广义的解释，比如产品的直接生产者、零部件生产者以及表见生产者等均应当被纳入生产者范畴。其中，零部件生产者并非必然以生产者身份承担责任，需要判定其在产品生产过程中是否"实质性参与"。根据我国《产品质量法》第 30 条规定，"生产者不得伪造产地，不得伪造或者冒用他人的厂名、厂址"，即生产者有标明生产厂家的义务。而表见生产者是指，产品由一方主体进行实际制造，但产品的外在标识（诸如名称、商标等）由另一方主体进行标注，此时标注指向的主体即为表见生产者。将表见生产者归类为生产者，同样是基于保护受害者利益的考量。

例如，在于某父子与飞特威公司产品责任纠纷案中，飞特威公司与福州锐点机器人科技有限公司（以下简称福州锐点公司）之前有多年的合作关系，双方就涉案平衡车并未签订书面加工合同，同时福州锐点公司说明其公

司的惯例是按照客户的订货生产,客户检验合格后收货。本案中涉案产品标明的生产者是飞特威公司,飞特威公司有义务标明真正的生产厂家,飞特威公司对此有过错,在其公司无法证明福州锐点公司是真正的生产厂家的情形下,应认定飞特威公司为涉案产品的生产者。从该案可以看出,关于生产者的判断在一般情况下以产品标注的厂家为准,在产品标注的生产者与实际生产者不符时,如果产品标注的生产者能够证明涉案产品的生产者另有其人,可以不承担相应的责任;但如果产品标注的生产者不能够证明涉案产品的真正生产者,则标注的生产者因其违反法律规定的标注真实生产者的义务而存在过错,其被认定为涉案生产者,承担相应的法律责任。

2. 生产者的警示说明义务

生产者要对产品的使用方式有明确具体的说明和警示。对于使用不当,可能危及人身、财产安全的产品,应当有警示标志或者中文警示说明,即对于产品存在的一定危险性,产品的生产者和销售者负有提醒义务。目前司法实践中,有观点认为,生产者如果疏于警示,那么即便产品本身并不存在不合理危险,产品的生产者和销售者仍应承担产品侵权责任。对此,可以通过以下两个案例进行了解。

在高某与彰武县某彩绘玩吧等产品责任纠纷一案①中,原告高某在被告彰武县某彩绘玩吧购买一台白色思玛特牌电动平衡车,彩绘玩吧现场组装后交付高某。当晚,高某试驾平衡车时,左侧车把断裂,失去平衡,平衡车原地快速旋转,致高某摔倒受伤。该款平衡车系被告浙江萧磊工贸有限公司生产,随车附有使用说明书,主要包括产品及配件、功能示意图、学习驾驶及安全须知等内容。说明书中没有对扶手使用时不能用力、易折断予以明确说明及警示。被告沈阳飞跃体育用品商行系该款平衡车批发商,彰武县某彩绘玩吧批发进货后进行销售。被告浙江萧磊工贸有限公司是思玛特平衡车的生产者,在使用说明书中,对消费者使用平衡车时如何正确使用手扶,以及使用中如果用力可能导致手扶断裂而方向失控发生危险等,没有予以明确说明和安全警示,违反了《中华人民共和国消费者权益保护法》中关于保证消费

---

① 参见辽宁省彰武县人民法院(2021)辽0922民初1873号民事判决书。

者安全的义务。

在孙某某与小米通讯技术有限公司产品责任纠纷案中,孙某某在小米通讯技术有限公司经营的"小米官方旗舰店"购买小米平衡车双轮智能成人儿童体感代步车。该平衡车产品包装中附有《迷你九号平衡车使用说明书》及《迷你九号平衡车法律声明》。法院指出,对于使用不当,可能危及人身、财产安全的产品,应当有警示标志或者中文警示说明,即对于产品存在的一定危险性,产品的生产者和销售者负有提醒义务。如果疏于警示,即便产品本身并不存在不合理危险,产品的生产者和销售者仍应承担产品侵权责任。该案的证据表明,涉案平衡车包装内附有《迷你九号平衡车使用说明书》和《迷你九号平衡车法律声明》,《迷你九号平衡车使用说明书》对安全隐患、危险动作、安全须知等情形予以告知和提示,明确禁止骑行驶入机动车道和人车混流的住宅小区,禁止超速行驶,禁止突然加速或刹车,且对急加减速等危险操作情形予以警示。因此,法院对于原告孙某某有关产品责任的主张不予支持。

(二) 侵权责任中的销售者

相比实体店销售,线上销售中销售者责任承担的主体不是很明确。《中华人民共和国电子商务法》(以下简称《电子商务法》)第37条第1款规定:"电子商务平台经营者在其平台上开展自营业务的,应当以显著方式区分标记自营业务和平台内经营者开展的业务,不得误导消费者。"由此可知,电子商务平台经营者对其标记为自营的业务,依法承担商品销售者或者服务提供者的民事责任。同时,《电子商务法》第74条规定:"电子商务经营者销售商品或者提供服务,不履行合同义务或者履行合同义务不符合约定,或者造成他人损害的,依法承担民事责任。"因此,在其他人工智能产品侵权中,是由电商平台承担销售者责任,还是由电商平台内的店铺承担销售者责任,要看两者之间有没有显著的区分标记。

(三) 侵权责任中的操作者

在侵权责任中,操作者往往是受到损害的被侵权人,但在其他人工智能产品侵权案件中,操作者在操作其他人工智能产品时的不当行为也是造成其自身受到伤害的重要因素。以电动平衡车为例，电动平衡车的工作原理中，除车体自身的系统传感器外，驾驶人的身体角度和重心调整也至关重要，驾驶人在驾驶前需要进行专业的培训，另根据我国现有的法律法规规定，平衡车禁止在道路上行驶，可见平衡车上路行驶本身就具有极大的危险性。在于某父子与飞特威公司产品责任纠纷案中，受害人邓某某（系于某之妻）在收到货物进行组装后仅在住处试驾，即于次日驾驶该平衡车上路行驶，因此对于受到的损害，其自身具有很大的过错。

人工智能产品的操作者除了注意避免自身在使用时存在的不当行为，作为产品操作者的监护人也同样负有注意义务。在谢某某与东莞市好福酒店有限公司违反安全保障义务责任纠纷案①中，原告谢某某因与其他小孩在玩耍电动平衡车时，不慎摔倒受伤。谢某某系未成年人，在与其他小孩玩耍电动平衡车期间，谢某某的监护人并未在场对谢某某的行为给予适当的引导和教育，明显疏于监管，谢某某的监护人应当对谢某某的受伤承担主要责任。

（四）公共场所的安全保障义务

平衡车等其他人工智能产品在使用过程中是具有一定风险性的，其他人工智能产品的使用人在使用过程中应当了解正确的使用方式，并对可预见的危险采取有效预防措施。此外，宾馆、商场、银行、车站、娱乐场所等公共场所的管理人或者群众性活动的组织者，未尽到安全保障义务，造成他人损害的，应当承担侵权责任。

例如，在赵某与张某某违反安全保障义务责任纠纷案②中，赵某系上海市某经营部负责人，开设顽客时尚创意馆，销售电动平衡车。张某某途经顽客时尚创意馆，在试用电子平衡车过程中，摔倒受伤。在张某某摔跤时，时尚创意馆工作人员仅在旁观望，而未采取相应的保护措施。法院对赵某在提供平衡车试用过程中是否尽到了安全保障义务的争议作出了认定：赵某作为电动平衡车的车主，应当知道使用该电动平衡车具有一定的安全风险，故其在邀请张某某试用平衡车时，不仅应当明确告知试用者正确的使用方式，更

---

① 参见广东省东莞市中级人民法院（2018）粤19民终1234号民事判决书。
② 参见上海市第一中级人民法院（2017）沪01民终3928号民事判决书。

应当在试用者试用期间采取有效的措施以预防可能预见的安全危险。然而,赵某并未对此引起重视,在未能确保试用者安全操作的情形下,让试用者完全独自操作电动平衡车,其员工仅站在了偏向张某某后方的一边观望,防护措施就此缺失。赵某的放任行为与张某某之后的摔倒存在一定的因果关系,因此其应当承担一定的过错责任。法院综合考量双方过错程度后,酌定赵某对张某某的损害后果承担50%的赔偿责任。

五、其他人工智能产品侵权责任的承担

若经法院确认,其他人工智能侵权系其缺陷所致,则应由该其他人工智能产品的生产者承担产品责任。

(一)产品缺陷的类型与归责原则

我国《民法典》中对产品责任的归责原则采用无过错责任,但对产品缺陷并没有进行详细的规定。有学者提出,将产品缺陷具体划分为制造缺陷、设计缺陷与警示缺陷,此处亦可以参考该种产品责任的划分。就人工智能的制造缺陷导致的侵权,毫无疑问地适用无过错责任原则。但就设计缺陷致害适用何种归责原则,要权衡适用过错责任原则与无过错责任原则的利弊。制造缺陷与设计缺陷可以从文字上理解区分,但就复杂的人工智能技术而言,基于深度学习的其他人工智能产品所做出的决策具有不可预测性,侵权损害可能无法准确地区分是由制造缺陷抑或由设计缺陷引起的,这就可能增加了受害者的举证难度。因此,为了减轻受害人的举证负担,准确地适用法律,对设计缺陷适用无过错责任原则更为恰当。虽然无过错责任在一定程度上有可能影响生产者在革新人工智能技术方面的积极性,但不伤害人类是人工智能应当遵循的首要原则与基本的底线,维护消费者的生命权、身体权和健康权始终是生产者从事生产制造时坚守的理念。同时,适用无过错责任原则,可以促使生产者在制造人工智能产品时更为谨慎。另外,我国《产品质量法》第41条还赋予生产者在特定条件下的抗辩权,即产品未投入流通、产品投入流通时引起损害的缺陷尚不存在、科技发展水平的限制,这也能够避免对当下科技水平尚不能发现的设计缺陷导致的侵权损害承担过于严格的责任。

针对警示缺陷致害，适用过错责任原则更为适合。因为警示缺陷是基于警示行为没有达到理想的效果而产生的，其他人工智能产品有无警示抑或警示是否充分是评判该产品缺陷是否存在的关键。然而，此种警示行为已经超出了其他人工智能产品本身的核心内容，无过错责任的适用加重了生产者义务，那么在此种情况下适用过错责任更为合理。另外，就其他人工智能产品而言，生产者在向中间人进行充分警示后，表明其已经完成相关的警示义务，不再负责其后环节的警示，此时生产者可以从产品责任的因果关系中脱离出来。

（二）因果关系

侵权责任是否成立，关键要看侵权行为与损害结果之间有没有因果关系。此外，还应当注意使用者的不当使用行为与损害结果之间是否具有因果关系，如果使用者的不当使用行为与损害结果之间具有因果关系，那么侵权责任承担应当依照各自的过错程度按比例分担；反之，如果使用者的不当使用行为与损害结果之间不具有因果关系，那么由销售者对侵权损害承担全部责任。

（三）举证责任分配原则

前述分析的是产品责任的适用与承担，在此基础上，对于其他人工智能产品侵权的举证责任分配原则，应当如何进行抉择呢？一般情况下，"谁主张，谁举证"原则，要求受害人证明其他人工智能产品存在缺陷，其中警示缺陷和制造缺陷的证明相对容易，但让受害人证明设计缺陷可能会存在巨大的困难。如果由受害人即原告一方举证证明产品存在设计缺陷，此时其他人工智能产品的设计者和生产者处于优势地位，受害者的胜诉概率下降，由此引发的其他人工智能产品设计者和生产者逃避责任获利的行为会催生更多的侵权问题，市场秩序以及社会秩序也将受到干扰。在其他人工智能产品侵权责任的情景下，双方当事人获取证据的难易程度不同、掌握的信息与技术不对称以及其他人工智能产品本身的运行过程难以还原，造成原被告双方的举证能力存在差异。其他人工智能产品的设计者和生产者对人工智能产品的风险控制程度处于有利地位，因此举证责任倒置的分配方式更适用于人工智能产品责任。在其他人工智能产品侵权案件中，受害人只需要证明自身因人工智能造成了损害，而被告应当就人工智能产品不存在产品缺陷，或者产品缺陷与原告的损害事实之间没有因果关系，进行举证证明。在被告不能证明人工智能产品不存在产品缺陷或者产品缺陷与损害事实之间没有因果关系时，被告应当承担相应的产品责任。

在于某父子与飞特威公司产品责任纠纷案中，法院认为，根据举证责任分配原则，产品质量责任纠纷案件中首先应由生产、销售一方提供证据证明其生产、销售的产品为合格产品，之后，另一方对于产品存在缺陷负举证责任。飞特威公司对于其销售的产品属合格产品仍承担举证责任，但其所举证据并不能证明其所销售的平衡车为合格产品，因此无法排除系因平衡车质量问题导致事故发生。同时，从鉴定机构的反馈意见能够看出，涉案平衡车的实际操作与《小黄蜂－ugogo产品手册》所说明的事项并不相符。因此，法院结合本案案情判决飞特威公司承担50%的赔偿责任。

（四）免责事由

当前《产品质量法》中关于产品责任免责事由的规定对于其他人工智能产品侵权依然适用，具体包括：没有将其他人工智能产品投入流通；其他人工智能产品投入流通时，引起损害的缺陷尚不存在；其他人工智能产品投入流通时的科学技术水平尚不能发现缺陷的存在。作为其他人工智能产品的生产者，应当对其所具有的免责事由进行证明，方可不承担赔偿责任。

第五章

人工智能侵权责任主体研究

人工智能的应用已经渗入社会的各个方面，给人类生产、生活带来极大的便利，但许多不可忽视的挑战与问题也随之而来，尤其是人工智能的自主学习与自主决策能力甚至能够在特定领域超越人类自身，表现出比人类更大的创造力。由此产生的危机感，使人类不得不对人工智能进行重新审视。我国发布的《新一代人工智能发展规划》也提出"明确人工智能法律主体以及相关权利、义务和责任"的研究方向。

作为具有独立思考能力的现实存在物，人工智能具有深度自主学习的能力。此种特性是否足以赋予人工智能以法律上的主体地位，这就需要明确法律主体资格的条件是什么。人工智能的短期影响取决于谁控制人工智能，但长远来看，其取决于人工智能到底能否受人类控制。人工智能的发展要求必须明确其法律人格，在侵权责任领域明确其法律地位，从而推动司法以及社会活动的良性循环。下面将对人工智能侵权责任主体问题进行逐步探讨。

一、人工智能对法律主体制度的挑战

（一）法律主体制度的变迁

从法制史来看，如今的法律主体的含义在近代法治形成之前是不存在的，如果从维护主体利益的角度来看，古代"家天下"的封建社会，便是以"家长"为主体地位。在这种以家庭为单位的社会中，家长具有绝对的权威，而家长以外的人是不具有完全的主体资格的，并且要承担家长施加的义务。因此，封建社会的法律主体地位只局限于少部分人身上，没有普及到每个人，更没有平等可言。受启蒙运动天赋人权、平等自由思想的影响，以家庭为身份特征的主体制度逐渐转向追求个人权利的近代法律主体制度。《法国民法典》规定了人们可以无差别地获得法律上的人格。然而，尽管趋于理性化的法律主体的平等地位已经确立，但实际生活中仍然有许多自然人被排除在法律主体的范围之外，比如男性与女性之间的权利差异。其后，《德国民法典》创设的权利能力，从法律层面真正地赋予了每个自然人平等的主体资格。随着商品经济的发展，法人团体的交易愈发普遍，其能像自然人一样参与民事活动，形成民事法律关系，因此为了促进民事交易活动，激发市场活力，有必要确立法人的主体地位，赋予其类似自然人的法律人格。

（二）作为法律主体的"人"

从哲学上的"人"到法律上的"人"，只有在了解前者的基础上，我们才能更好地理解何为法律上的"人"。

1. 哲学上"人"的含义

现有法律主体制度的构建以有生命的自然人个体作为前提。在哲学领域，关于人的探讨始终是核心话题，对人的权利、人的价值、人的自由的深入研究，使我们对人的理解更加深刻。哲学意义上的"人"具有以下特征。

首先，人应当是有生命的。人是由细胞构成的组织器官的有机生命体，能够根据环境的变化能动地做出调整和改变，在有欲望的同时也受到制约。如果说"有生命"是人的自然属性中的基本特征，那么"有需要"则是有生命的人为了更好地生存所必需的动力，更是人类无限创造力的源泉。美国著名社会心理学家马斯洛提出的激励理论曾指出人从低级到高级的不同层次的需求，便体现了这一自然属性的重要性。

其次，人是处于社会交往中的。人作为自然存在物的自然属性，主要体现了人的个体独立性，然而人不可能永远孤立地生存，总是要生活在群体之中。在自然状态中，群体中人的安全感会高于独立的个体，从而使个体自然而然地对群体产生强烈的归属感，这是人为了生存而做出的必然选择；同时，归属于群体中的人之间是相互依赖与相互需要的。马克思就曾提出人的本质是一切社会关系的总和，人的独立应当是在社会中的独立。所以，人当然地存在于社会交往中，并且其本身具有社会性。

最后，人应当具有思维能力。思维能力是人与动物或者机器最重要的区别。人能够自主地进行实践活动，人的能动性在很大程度上体现于人的实践当中。实践需要人有独立的意识并且能够独立地思考，并在思考后通过自己的行为对外界做出改造。动物也可以通过自身做出行为，但动物做出的行为乃是出于动物的本能，其行为的结果也只能成为自然界的一部分，但人类的实践行为不同，人类的实践行为以意识与思维为前提，思考与行为的结果不是为了成为自然界的一部分，而是为了人类更好地生存而改造自然。

2. 法律上"人"的含义

法律思想史的演化催生了不同部门法的分工，其中关于人的理论对民法学中的民事主体的发展具有直接和重大的意义，自然人及其行为更是民法的主要关注对象和近现代民事主体制度构建的模型，因此本部分主要以民法学中的人为例对法学意义上的人进行探讨。民法自封建社会的崩溃与近代国家的建立过程中新生，使个人可以自由地进行经济社会活动而不受国家干预，近代民法中的人是具有完全平等的法律人格的人，而到了现代，民法则开始了从"平等"到"公平"、从"抽象"到"具体"、从"强而智"到"弱而愚"的变迁，有学者将其称为"戴面具的人"变为"穿衣服的人"的过程，但这种变迁只是体现了民法在民事主体内部对民事主体进行保护的倾斜度变化，并没有从根本上影响民事主体的实质性特质。故笔者认为，民法上的"人"应满足以下要求。

首先，民法上的人是具有法律人格的人。法律人格是指法律认可的享有权利、承担义务的资格，包括自然人主体、拟制主体两类。其中，对于自然人，法律全面无条件地承认其法律人格；而拟制主体的人格则需要有法律的明确规定（如胎儿），或者经过特定的认可规则方可取得（如公司的设立等）。人格学说始于罗马法，现代民法上的自然人的人与人格是完全吻合的，"人格"指的是一个生物学意义上的人成为法律上的主体的资格，民法上的"法律人格"即为自然人或组织成为民事主体的资格，即享有民事权利、承担民事义务的资格，而且法律人格是平等的。取得民法上的法律人格，还要求具备意思能力，即以自己的行为取得民事权利、承担民事义务。"人格"不仅关乎民事权利义务的资格，而且关乎自然人的人格尊严，对人格权利的保护体现在各国民法中，我国《民法典》亦通过单独的人格权编以示对人格权的尊重与保护。

其次,民法上的人是民法本身的出发点。民法的存在是为了保护人,民法的性质之一为市民社会的基本法,是市民社会的权利典章。自民法产生之后,其就旨在保障市民社会的安全有序运行,民法所有的制度都是围绕着人的生存和发展需要而展开的,确保人在社会生活中的地位平等。

再次,民法上的人是理性化的人。法律人格的理论源头是康德义务论对于哲学上"人"的解释:所有理性的存在都是人。理性在近代民法中的地位颇高,在一定程度上决定了近代民法中民事主体制度的构建。现实生活中的人各具棱角与特色,这种特色是难以为法律上的"人"所包含的,因此需要理性标准的洗涤使人成为法律上的人,从而使得法律上的民事主体具有抽象性、客观性的特征。人有了理性,成为法律上的理性人,才能够去创设权利义务关系,成为归责主体,并受到法律规范的约束。

最后,民法上的人成为法律主体应当得到法律的承认。法律是国家意志的表现形式,得到法律的承认意味着国家对该主体进行了确认。国家对民事主体的确认因时间空间差异而有所不同,并不是所有的人在一开始就都纳入民法的庇护范畴,比如罗马法中的民事主体就将奴隶排除在外,奴隶在自然层面与作为奴隶主的民事主体并无不同,然而因当时法律并未对奴隶的民事主体身份进行承认,奴隶即无法成为民法意义上的人。同时,法律承认法律主体的资格也要以存在国家意志为前提,如不存在国家意志,规范对主体的承认就不存在正当性。民法上的人要成为法律层面上有意义的主体,得到法律的承认是必需的正当程序。

(三)人工智能对法律主体制度的冲击

人工智能是由算法构建的,这就牵涉相关数据的安全、人工智能核心算法的安全、数字财产保护以及人格权保护,进而对知识产权以及侵权责任的认定提出挑战。当人工智能不断发展并深入各个领域时,人类劳动逐渐被替代,无疑会引发社会结构的变革。人工智能在深度学习与分析后表现出的"自我意识"引发了人工智能能不能作为民事主体的讨论,对传统的民事主体制度产生了一定的冲击,并主要体现在以下三个方面。

1. 人工智能的类人化设计

人工智能产业发展的主要方向就是不断接近人类自身。外表上与人类趋同的人工智能技术已经不再是难点,在交互式的交流方面,人工智能能通过算法实现人与人工智能、人工智能与人工智能之间的交流,而在思维层面,实现人工智能的类人化是当前技术不断追求的高度。就人工智能类人化的思维而言,我们可以从战胜围棋棋手的 AlphaGo 和世界上首个获得公民身份的机器人索菲亚看出,未来人工智能思维类人化具有技术上的可行性。仿生神经网络的发展使得模拟人类大脑的信息传输结构成为可能,借助该技术,人工智能可以通过后天的学习不断自我升级,甚至有可能在此基础上实现自我修复与自我突破。人工智能除了具有类自然人的特点,还具有天然的"抽象性",社会现实中的人要成为"法律上的人"需要经过法律抽象并进行拟制,但人工智能与人工智能之间却可能直接跨越此种拟制。人工智能的类人化特征,主要体现在以下三点:第一,人工智能拥有表现于外在的物理属性;第二,人工智能在处理数据方面表现出高度的自主性,其拥有收集、分析、交换、处理、更新数据的能力,能够察觉问题并且可以独立处理问题,几乎不受外界的干扰和控制;第三,人工智能可以独立地从外部吸取信息,进行"深度学习"并实现自我调整以适应环境的变化,完成自身的学习、积累和提升。

2. 人工智能算法对平等原则的挑战

平等原则是民法的基本原则,能够保证民事主体平等地以自己的意志参与社会生活而不受其他任何人的意志左右,然而算法歧视可能在无形中打破平等原则。当设计者设计算法时,这些算法本身就携带了设计者的价值和理念,无形之中有可能包含着歧视与偏见。除此之外,即使算法本身没有暗含歧视与偏见,也可能在算法的运行过程中由于数据输入而产生算法歧视,这在大数据的背景下是难以察觉和预防的。同时,持续和加深的算法偏见会进一步形成标签化效应,人工智能本就具有很强的分类筛选与预测的能力,算法很有可能基于这种能力而不恰当地把风险的标签附加到某个个体或群体之上,从而在系统中限制其权利或自由。因此,不断有人呼吁算法透明化来应对算法歧视,但算法的透明化仍面临两个难题:一是前期算法研发与运行的成本投入巨大,算法往往作为商业秘密受到保护;二是算法的透明仅能做到源代码的透明,但一些复杂的算法本身的自我学习与自我进化能力使得算

人工智能产品侵权责任问题研究

法运行的结果无法直接简单地依靠源代码的公开而变得透明,这种不透明性使得民事主体在进行活动时,甚至无法得知民事活动的平等基础已经不复存在。

3. 人工智能侵权责任归属问题

随着人工智能的广泛应用,人工智能侵权的案例亦不断涌现,在侵权责任的承担上也就出现了责任主体归属这一难题。以完全自动驾驶汽车中人工智能自主操作致人损害为例,鉴于算法的自主学习与自主升级的特征,设计者、生产者、销售者对发生损害的结果难以预料,究竟属于哪一方的过错,难以通过传统的产品责任进行判断。有学者指出,可以通过人工智能强制责任保险解决困境,但保险的本质在于分担被保险人的风险,并不能够解决实质性的责任归属问题。概言之,目前对人工智能的主体性问题并无定论,理论界存在巨大争议,司法实践中更不可能轻易超出目前法律规定的范畴而作出判决。

二、人工智能民事法律主体地位的争议

目前关于人工智能是否具有民事主体地位的观点,大致可以分为肯定说、否定说与折中说。

(一)肯定说

肯定说主张,人工智能有高度接近人类的独立意志,应该具有民事法律主体地位。当前的民事法律主体除了自然人,还有法人,其可以通过法律拟制人格而成为民法上重要的法律主体,并在市场经济活动中占据重要地位。近些年来,由于人们对生态环境保护的重视,动物保护人士主张将动物作为法律主体加以保护的呼声也在不断加强。有学者也借此观点,认为人工智能与法人组织相比,具有更佳的学习创造能力、独立意志以及表达能力,更应当被赋予民事法律主体的资格。

肯定说中比较有代表性的观点是代理人说、电子人格说以及有限人格说。其中,代理人说的主要观点是将人工智能机器人作为其所有人的代理人,如同民法代理制度中代理人与本人的关系一般,作为代理人的人工智

能机器人当然地就具有法律主体地位。学者陈吉栋认为，人工智能的代理需要从委托代理和法定代理角度分别讨论。在委托代理的情形下，人工智能由于自身原因而导致的损害，其损失应当由被代理人承担，且被代理人承担后可根据不当得利的原则或者民法的其他规定，向代理人（人工智能）进行追偿来弥补自身遭受的损失。在法定代理的情形下，人工智能通过法律规定的方式，使自身拥有代理权，从而为被代理人实施相应的民事法律行为。[1]

电子人格说主张将人工智能机器人视为电子人，进而赋予电子人格。例如，学者郭少飞主张将"电子人"界定为"拥有人类智能特征，具有自主性，以电子及电子化技术构建的机器设备或系统"。[2] 他认为，电子人主体的本质属性是自主性，指的是其可以不受外部控制，能够自我决定并且具有可以付诸行动的能力，使得其区别于普通的机器工具。此时的自主性以及随之而来的预测性，并不完全来自其设计者、研发者、生产者等，导致一旦出现侵权问题，按照现有的归责原则不仅不能解决问题，而且还可能加大人工智能的失控风险。所以，需要创设新的法律主体类型，构建一套符合现实问题的法律模式。同时，电子人主体的制度属性应具有规范性，任何法律主体都有赖于法律的确认或创制，没有法律规范就没有规范性法律主体。

学者张志坚则对电子人格的观点予以否定，他主张人工智能的本质是财产，具有财产性人格，但无人身性人格，其意思能力和责任能力仅限于财产，而不能及于人身，所以应归入法人范畴，可以成为新型法人型民事主体——电子法人，而要成为自然人型主体——电子人，是行不通的。[3]

与前述两种学说相比，有限人格说则进行了一定的妥协，其注意到人工智能的法律人格无法与自然人或法人相同，故主张运用刺破"人工智能的面纱"的归责原则以及强制投保责任保险等措施进行规制。[4] 值得注意的是，

---

[1] 陈吉栋：《论机器人的法律人格——基于法释义学的讨论》，载《上海大学学报（社会科学版）》2018年第3期，第78-89页。
[2] 郭少飞：《"电子人"法律主体论》，载《东方法学》2018年3期，第38-49页。
[3] 张志坚：《论人工智能的电子法人地位》，载《现代法学》2019年第5期，第75-88页。
[4] 彭诚信：《人工智能的法律主体地位》，载《人民法治》2018年第18期，第98-100页。

学者梁鹏提出了不同于其他学者的观点，认为人工智能产品的法律地位类似于未成年人的法律地位。①

总的来看，目前代理制度分为法定代理与意定代理，人工智能机器人的代理明显无法纳入法定代理，而意定代理则需要以代理人的意思表示为前提。人工智能机器人的意思表示能力如何，通过何种方式进行意思表示，是否会因人工智能算法设计的功能不同而影响进行意思表示的行为能力等，都是主张代理人说者需要厘清的前提问题。电子人格说中，"电子人格"是作为一个新概念提出的，这个概念本身的内涵还需作为本学说的前提进行界定，同时，这样一个新概念的产生不可避免地要在原有法律制度之外另行设计。有限人格说首先不能解释的是"有限"的限度，在何种概念、何种范围上有限，尚待解释。

（二）否定说

否定说秉持人工智能仍作为客体存在的观点，较为符合现阶段的法治与人工智能的发展现状，其主要认为人工智能仍属于工具的范畴，即使拥有某些类人化的特征，最终体现的还是人类自身的意志，人工智能所带来的诸多成果不过是计算机程序进行逻辑推演的结果，最多称得上是"人工类人格"，要受到人类的控制与支配，本质上不能从工具的范畴中剥离。学者龙文懋认为，人工智能不具备欲望的机制，只是人类技术理性的延伸，因此不具备主体性。② 吴汉东从自然人和法人两个角度，论证人工智能目前依然是受人类控制的工具，尚不足以取得独立的主体地位。③ 付其运认为，在法理逻辑上，人作为唯一主体是法律存在的前提和基础，人工智能不具备独立意思表示能力，以及法律伦理决定了人工智能的非主体性。④ 曹险峰也认为，既有的法律体系、制度与规则主要是以自然人为中心而构建的，无法容纳人工智

---

① 梁鹏：《人工智能产品侵权的责任承担》，载《中国青年社会科学》2018 年第 4 期，第 11 – 14 页。
② 龙文懋：《人工智能法律主体地位的法哲学思考》，载《法律科学（西北政法大学学报）》2018 年第 5 期，第 24 – 31 页。
③ 吴汉东：《人工智能时代的制度安排与法律规制》，载《法律科学（西北政法大学学报）》2017 年第 5 期，第 128 – 136 页。
④ 付其运：《人工智能非主体性前提下侵权责任承担机制研究》，载《法学杂志》2021 年第 4 期，第 83 – 90 页。

能作为新类型的民事主体。① 刘洪华同样认为，人工智能不具备人类理性，不可取得类似自然人的法律主体资格，在现行法律体制下，为其拟制一个法律人格对社会问题的解决也无重大意义，赋予其法律人格的理由不足。② 杨立新对人工智能的"人格"予以否定，其主张面对人工智能（特别是智能机器人）技术的迅猛发展，不仅在当前，即使在可以预期的将来，人工智能机器人不仅不会成为"人"，而且也不会成为"准人"；其所具有的人工类人格只能是类似人格的"物格"，即使在将来，这种人工智能产品也不会转变为人的范畴。换言之，作为人工智能技术发展结晶的强人工智能或者超人工智能的机器人，永远是人工制造的机器，仍然属于物的范畴，不会成为市民社会的第三种物质表现形式。所以，传统民法的人与物二分格局仍然具有一定的现实意义。③

（三）折中说

持折中说的学者并没有将人工智能主体地位的认定一概而论，而是主张视人工智能的自主化程度而定，具体划分应当依据具体应用情境而定。当前阶段的人工智能不足以被授予法律主体资格，未来应充分考虑人工智能技术发展从弱至强这一阶段性的客观情况。折中说突破了肯定说和否定说的传统壁垒，从多个维度决定是否需要赋予人工智能法律主体资格。例如，学者汪渊智、席斌认为，虽然从目前来看，赋予人工智能人格与当前技术发展水平、既有法律制度、公众认知存在很大的矛盾，但并不意味着人们对民事权利主体的资格承认必须持保守态度。从发展的角度看，民事权利主体在实践中可以成为一种开放的概念体系，也就没有必要将"强人工智能"及"超人工智能"排除在民事权利主体之外，未来赋予人工智能主体资格也能更好地造福于人类社会的发展。④ 从折中说的立场出发，正视未来人工智能的行为可能

---

① 曹险峰：《人工智能具有法律人格吗》，载《地方立法研究》2020年第5期，第67—75页。
② 刘洪华：《人工智能法律主体资格的否定及其法律规制构想》，载《北方法学》2019年第4期，第56—66页。
③ 杨立新：《民事责任在人工智能发展风险管控中的作用》，载《法学杂志》2019年第2期，第25—35页。
④ 汪渊智、席斌：《数字化时代民事权利制度的挑战与展望》，载《东南法学》2021年第1期，第32—55页。

具有的社会危险性，既有结果的可归属性，也有具体责任的可区分性，对于自然人的保护也大有裨益。

三、人工智能不能作为民事法律主体的合理性

（一）人工智能本质上与人不同

一般而言，人工智能不具有人的自然属性和社会属性，其产生的目的也与人类不同，具体如下所述。

1. 人工智能不具有人的自然属性与社会属性

人是具有生命的高级存在，有生命是人得以在民事法律规范中展开一系列活动的前提基础，民法确认了人的生命权的至高无上的地位，正是生命与生命权的存在，才使自然人的存在具有意义。人工智能则不同，人工智能是人类创造的产物，其所拥有的一切类人化的特征的本质都来源于算法，而算法也是针对基础代码的升级，属于可复制、可批量生产的物，不具有生命。以人为主体的法律规范都隐含人的本质的设定前提，人工智能领域则不可能有这些假定前提的存在，故人工智能不具有应当作为主体受到法律保护的天然证成。

2. 人工智能产生的目的与人类不同

人的目的是人类本身，而人工智能的目的自诞生之始也确定是人本身。人作为活体从母体中分娩之时起，无论是其无意识的行为，如呼吸、觅食等，还是其有意识的行为，如进行劳动、寻求群体合作等，都是为了人类自身能够更好地生存。而设计并发展人工智能的行为本身就是人类有意识地做出的行为，其初衷是更好地服务人类与解放人类，这在人工智能的应用中多有体现。例如，人工智能机器人在生产车间流水线上的应用，虽然可能替代一部分从事重复劳动的人的工作，减少人类的就业机会，但不能否认的是，人工智能的应用大幅度地提高了生产效率，并在一定程度上降低了生产成本。人工智能算法虽然因"算法黑箱"、制造"信息茧房"等对人类的自主选择产生一定的负面效应，但其确实大大提高了人类在信息检索方面的便捷程度。总之，人工智能是以人为目的的技术手段，而技术手段无论怎样变革升级都不能改

变其应当有利于全人类生存与发展的本质目的。

3. 人工智能始终受到人类的支配和控制

人之所以成为有尊严的法律关系的主体,很大一部分原因在于人的自主性,人类能够自主支配和控制自身的行为。而人工智能所做出的行为看似是人工智能决策后的"自主行为",但事实上人类仍是这些行为的幕后"操控者",人工智能与外界的交互程度如何,可以在何种领域内做出行为,遵循何种原则或规制做出行为,均是人工智能的设计者在编写算法时赋予人工智能的。即使算法在运行过程中,基于大数据分析做出了设计者也无法预测的行为,也不能据此认为人工智能脱离了人类的支配和控制。目前积极寻求的针对人工智能的规制对策,即是对人工智能该特点的积极肯定。至于人工智能所具有类人化与深度学习的特征,亦是人类发展人工智能技术所追求的结果,是当今计算机技术飞速发展的有力佐证,不足以成为将人工智能与人相提并论的理由。

(二) 赋予人工智能拟制人格尚无充分理由

如前所述,有学者在提出应当认可人工智能主体的法律地位时,将法人人格进行类比,其目的在于证明人工智能法律主体地位的正当性,但法人拟制人格与人工智能拟制人格是不同的。法人获得承认有其历史必然性,人类是一切社会关系的总和,社会生活中人与人之间产生联系,个人参与到组织中产生新的联系。法人作为人和财产的集合体,适合成为交易的主体,法人制度的发展是社会经济发展带来的产物。法人的团体性和人格独立的特征,区别于自然人和非法人团体。法人在获得法人人格前首先是团体,团体要具备人与财产这两个条件,团体的事务离不开人的参与和执行,团体的财产更离不开人的出资与管理。故法人失去其中的"人",也就失去了将其作为独立法律主体的意义。

主张将人工智能拟制法律人格的主要论点,就在于人工智能具有独立意识,甚至在某些方面超越人类本身,这种法律人格在独立后存在脱离人的掌控或者受人的影响的趋势,这与法人的拟制人格具有本质上的不同,因此法人的拟制人格并不能作为人工智能拟制人格的论证。当然也有人提出,为人工智能创造一种新的法律人格，独立于自然人和法人之外，但这种赋予法律人格的方式不仅缺乏可以传承借鉴的相关制度，还会对现有法律制度造成颠覆性的挑战，且法律天然地具有稳定性和传承性，因此赋予人工智能拟制人格不具有充分的理由和条件。

（三）赋予人工智能民事法律主体资格会对当前的社会秩序形成冲击

首先，赋予人工智能民事法律主体资格，会对伦理形成冲击。现有民事法律主体要么是自然人本身，要么是以自然人作为基础的组织。人是有遵循法律、形成习惯、信仰宗教、道德教化等意识的。人工智能则不存在道德、良心等情感要素，其对规则的遵守乃是出于人工智能设计者对算法的设计，即使可以将道德、良知等约束融入人工智能算法的设计之中，其与人的差距也是相当明显的。语言本身具有局限性，并非所有的道德观念以及良知要求的内容都可以通过语言的形式进行表达。此外，算法设计本身也有局限性，所有的道德品质的语言表达也不可能完全通过算法转换。因此，人工智能行为中体现的道德观念与良知要求的程度如何，几乎无法预测。因此，人工智能作为民事法律主体必然会对伦理秩序造成冲击。

其次，承认人工智能的民事法律主体资格会引发主体识别上的混乱。人工智能缺少个体差异性，被设定相同算法的人工智能在本质上是相同的，那么如果赋予人工智能民事法律主体资格的话，究竟是人工智能个体享有主体地位，还是某一个人工智能团体享有主体地位？当赋予人工智能个体民事法律主体资格时，在同类的人工智能为不同人所使用的情况下，会产生矛盾；但若赋予由人工智能组成的团体时，在社会活动或者做出法律行为的过程中，又会产生个体识别问题。

最后，承认人工智能民事法律主体资格后的责任承担无法落实。人的行为不仅能通过内心的道德与良知进行自我约束，而且具有外在的规则予以规范，法律就是外部规则的重要组成部分。法律不仅赋予了权利，还规定了义务与责任，尤其是法律责任的存在对整个法律规则的运行、社会秩序的规范起到了至关重要的作用。法律责任的警示与惩罚功能，通过国家强制力对个人行为予以规制，并在全社会形成普遍的警示、教育作用。如果赋予人工智能民事法律主体地位,其就应当承担该民事主体所肩负的法律责任,但目前的法律责任形式难以对人工智能起到有效的规制或矫正作用。在侵权责任中,责任主体往往要承担相应的赔偿责任。而该赔偿责任得以履行的基础是,责任主体有相应的可供执行的财产。哪些可以作为人工智能的财产,以及其财产是否能够满足民事责任的承担等,这些问题都需要逐个解决。目前人工智能的民事主体地位尚处于争议阶段,又何谈侵权责任的落实呢?

四、现有民事主体制度下的人工智能侵权责任

在不赋予人工智能民事法律主体资格的情况下,为了实现对被侵权人合法权益的更好保护,有必要通过法律明确人工智能的侵权责任。考虑到我国《民法典》生效不久,如果对侵权责任编条款修改,将不利于保障法律的权威性与稳定性,故笔者认为,可以通过制定司法解释来完善人工智能的侵权责任条款。

(一)明确人工智能侵权责任的主体

人工智能出自设计者之手,并不具备独立的意志和行为能力,人工智能之所以致害,要么是设计者在设计时产生的缺陷造成的,要么是人工智能所属管理者故意或者过失导致的,抑或是第三人造成的人工智能侵权。因此,人工智能侵权责任的主体就应当明确为人工智能的设计者、管理者和致害的第三人。因人工智能设计缺陷导致的侵权,应当由设计者承担侵权责任。人工智能的管理者因为故意或者重大过失造成的侵权责任,应当由管理者来承担。由第三人造成的人工智能侵权损害,还要区分第三人对人工智能的控制是违法行为还是合法行为。如果第三人以违法方式控制了人工智能,从而造成侵权,应当确定该第三人作为侵权责任主体,承担相应的责任;如果第三人是通过合同等合法授权方式获得人工智能的控制权后,造成侵权损害的,应当由授权人和第三人共同承担侵权责任。

(二)对人工智能侵权损害实施举证责任倒置

人工智能的工具属性决定了其是作为客体的物。普通物的侵权损害常常会涉及产品责任与物的管理者责任。这两种特殊的侵权责任在证明责任上实

行的是举证责任倒置的方式。人工智能侵权损害责任与产品责任和物之管理者责任类似,因此人工智能侵权责任的举证责任方式同样适用举证责任倒置。但是,人工智能侵权责任也有其独特之处。人工智能侵权的受害者需要承担两个证明责任:其一,人工智能侵权行为使其受到损害;其二,该损害是由人工智能导致的。受害者承担上述两个证明责任之后,设计者和管理者承担相关损害是由受害人的过错导致的证明责任。如果设计者和管理者两者都无法证明是受害者的过错,那么设计者要证明受害者的损害不是由人工智能缺陷导致的,而管理者要证明受害者的损害不是由自身的管理不善造成的。如果设计者和管理者中有未完成证明责任的,由未完成证明责任的一方承担侵权责任;如果两者都没完成证明责任,则由设计者和管理者共同承担侵权责任;如果设计者和管理者都完成了证明责任,则要考虑如何公平地分担责任。这种证明责任分配方式主要考虑到人工智能所蕴含的科学技术,其他主体难以了解并证明,以及证明的真实性无法保证。人工智能的设计者、管理者作为既得利益者,在没有证据证明侵权损害是由受害人自身的过错造成的情况下,由其承担侵权责任更为公平。

(三) 创设人工智能侵权责任的承担方式

我国《民法典》规定的侵权责任的承担方式主要有停止侵害、排除妨碍、消除危险、返还财产、恢复原状、赔偿损失、赔礼道歉、消除影响、恢复名誉等。在人工智能的侵权责任承担方面,除了以上方式,还应当增加对人工智能的无害化处理。人工智能的侵权行为发生以后,应当根据人工智能的危害程度,对导致人工智能出现不可控危险的算法进行修改或格式化,或者将重复致害风险较高的人工智能进行彻底销毁。

第六章

人工智能侵权规制的配套制度研究

第六章 人工智能侵权规制的配套制度研究

如今，人工智能在各个领域中广泛运用，工作效率大幅提高，成本显著降低，但人工智能也可能带来诸多风险。未来在人工智能客体转为主体的情况下，法律上的规制要优先于科学伦理的规定，以应对权利概念的崩塌。人工智能法律地位对侵权责任体系的冲击主要体现在责任主体和归责原则的确定等方面，这可能会造成侵权本质的改变。即便可以对人工智能侵权的责任主体、归责原则、免责事由等进行规制，使得被侵权方的权利得到保障，但我国对人工智能法律人格的理论研究和实践还不够充分。在人工智能侵权的追责主体、归责原则、赔偿机制的规制下，为了更好地保障被侵权人的权利，引导人工智能有序地存在于社会并朝积极的方向发展，相应的配套制度还需要进一步完善。

一、人工智能侵权规制的前提探讨

（一）确定人工智能法律客体地位

对人工智能法律人格的性质考察，应考虑强人工智能在社会实践中的内在要求，从制度设计的实用性角度出发，定位强人工智能法律人格，如此方能为未来强人工智能的法律规制提供功能指向。因此，从构建人工智能法律人格的功能角度出发，人工智能法律人格兼具"拟制"和"实在"两个特性。拟制性为人工智能法律人格提供了国家法律管控的理论接口，实在性则为人工智能在行为能力确认和社会责任承担等多方面提供了理论根源。简言之，对人工智能法律人格的定性考量，既是一种手段，也是一种目的。人工智能所具有的拟制性和实在性在技术发展的不同时期有不同的侧重，应根据不同时期强人工智能的发展特点，在兼顾两种特性的基础上有所侧重。在强人工智能发展初期，由于技术刚刚成熟，其与人类交互和社会融合的过程中，可能会引发较多的问题，因此可以偏重其拟制属性，在认可人工智能意思自治的基础上，对人工智能法律人格采取较为严格的准入和法律规制，即人工智能只能是客体而非主体。

首先，从自主意识的来源看，强人工智能的自主意识并非直接来自人类的命令。否定论认为，人工智能在功能实现上，所依托的依然是人类最初设计的编码程序，也就是说，人工智能并无独立的意识，其仍然是在人类的命令下运作。强人工智能的产生依赖于人类所设计的编码程序，并不意味着编码程序本身包含了解决所有问题的意识，而是通过这样的编码程序试图"教"给强人工智能解决日常通用任务的能力。人工智能法律人格具有实在性属性。其一，强人工智能具有事实上的存在性。强人工智能无论通过何种形式表现出来，其运行的算法、做出的决策和履行的行为都是一种确实存在的社会行为。例如，由强人工智能房产代理完成的房屋购买合同，具有客观实在性。其二，强人工智能不具有行为能力。强人工智能具有自主决策能力，但不可理解为其享有必要的自然人权利。同时，人工智能作为一种与人类和社会深度交互的产物，其不具备履行法律义务的能力，无法通过法律承认，强人工智能亦不具备责任承担的能力。否认强人工智能具备行为能力，将责任归咎于设计者或生产者，能够解决诸多由强人工智能引发的自主决策性风险，这样的结果与由科技引领社会繁荣发展的目的相呼应。①

其次，自主意识的承载主体具有多元性。学界观点通常主张自主意识的主体是人类，这是由于人类通过身体和心理的活动体现自主意识，而以计算做出思考和决策的强人工智能不能被认为是自主意识的主体。也就是说，只要符合自主发现问题并解决问题这一自主意识的本质要求，该主体就是承载自主意识的主体，如同植物之所以不具有自主意识，并非由于它是植物，而是由于植物无法通过自己的思考做出决策。强人工智能通过计算力形成决策，并能够将其自主决策充分表达或实践，从这一角度来说，强人工智能的行为表现与人类无异，但这种行为表现不能用来检验意识，也无法看成是意志的

---

① 石冠彬：《论智能机器人创作物的著作权保护——以智能机器人的主体资格为视角》，载《东方法学》2018 年第 3 期，第 140 - 148 页。

选择。

最后，人工智能法律人格的核心内涵也要符合智能时代背景下的功能定位，即在保障人类尊严和社会秩序的基础上，实现人工智能经济和社会价值的最大化。因此，赋予人工智能法律人格是出于功能性的考量，更多的是将人工智能法律人格作为自然人实现特定目的和价值的手段。从社会功能的角度看，人工智能法律人格的核心内涵也更偏重于对行为能力的实质性要求。人工智能具有自主决策能力，享受权利和履行任务不会对强人工智能构成障碍。也就是说，在赋予法律人格的前提下，强人工智能的智能水平足以支撑其权利义务的实现。因此，人工智能法律人格的核心焦点，不是"应不应"的问题，而是"能不能"的问题。"应不应"代表了一种资格，即人工智能的权利能力，"能不能"代表了一种能力，即人工智能的行为能力。如果仅从价值导向出发，将权利能力作为赋予强人工智能法律人格的核心标准，将导致强人工智能法律人格这一制度具有泛化的危险。从权利能力的角度对人工智能法律人格进行理论证成当然能实现自恰，但价值层面的理论闭环无法指导强人工智能实践的法律规制，进而导致人工智能法律人格无法实现其在智能时代下的功能需求。

（二）建立登记公示制度

由于未赋予人工智能独立的法律地位，其载体亦具有自主性和技术复杂性，所以为了确保人身安全，解决存在的各种违规问题，对人工智能载体监管提出了更高的要求。人工智能执行严格的登记公示制度，即人工智能在未经监管机构登记的情况下，无法进入流通领域。人工智能载体进入流通领域之前，其设计者应向人工智能系统的信息产业主管部门报告，行业主管机构必须严格核查，在核查时应采取实质审查的形式。如果需要的话，应该要求设计者、生产者网站进行安全测试。另外，人工智能调节器需要支持设计者的注册要求，厂家承诺该系统不得危害人体的安全，不得在使用中带有犯罪目的。由此，确立的有关人工智能载体的登记公示制度，不仅可以增强社会对人工智能的了解和信任，而且其登记的信息也可以作为评判人工智能载体是否存在缺陷的重要依据。同时，引入这种登记公示制度，就需要对特定类型的人工智能设置必要的注册条件。也就是说，登记注册制度需建立在对人工智能划分等级的基础上，对自主化水平达到一定程度的人工智能实行强制登记注册制度，赋予其独一无二的编号，并由监管机构在不同阶段进行登记和监管，以期对人工智能的研发、生产和使用实现全程追溯。

如上所述，建立人工智能登记公示制度，强化监管，可以促使人工智能的研发、生产和使用走上科学规范化的道路。具体而言，首先，由统一监管机构进行分类管理的监管模式，可以提高监管效率。将人工智能进行统一登记后，按不同类别进入市场流通并实行分类管理，同时按照相应的等级标准实施监管，以便在出现问题后及时锁定、及时解决。其次，可以对人工智能的研发、生产、应用、安全等环节进行更好的管控。如因人类原因致使人工智能造成医疗损害后果，可以尽快追溯到具体责任人，使受害人尽快得到损害赔偿。最后，专门的监管部门有助于制定普遍适用的人工智能医疗安全技术标准，对应用于不同医疗领域、具备不同智能等级的人工智能的功能需求、硬件配置、控制系统等方面进行详细的描述，可以作为判定人工智能有无缺陷的依据。

建立登记公示制度，有助于加强客体监管。但值得注意的是，除了专门机构，在人工智能的监管方面，也离不开与人工智能相关的复合型人才和普通公众的参与。从随身携带的手机、智能家居，到政府智慧化服务，人工智能已经深入人们的日常生活，广大人民对人工智能的反馈亦是对社会现状的反映，因此政府不仅需要听取相关专家的建议和意见，还必须充分听取公众意见，以提高人工智能监管的专业性和民主性。即使人工智能的自主性越来越高，无论是基于理论思考还是现实考量，其法律主体范围也只能小于人类。因此，在人工智能监管中，仍然将"以人为本"作为发展人工智能的首要原则。

（三）设立专门的监管机制

作为国家科技建设的关键领域，人工智能的发展势头强劲，但不可忽视的是，人工智能自身仍存在缺陷，想要健康可持续地发展，就离不开法律的监管。埃隆·马斯克提出，在人工智能立法空白的前提下，由政府对人工智能进行监管是一个有效的手段，为了防止人工智能潜藏的风险实体化，应当从国家甚至国际层面对其进行有效监管。由此，笔者认为，由专门监管机构进行分类监管，可以提高工作效率，使人工智能按照登记的分类流入各个领域，以便事故出现后可以及时定位与解决。从人工智能投入研究到最终投入使用，无论是哪个环节出现问题，都可以精确地追溯到责任人，使被侵权一方得到及时赔偿。特别是人工智能在医疗领域的应用，涉及人工智能和医学两大专业学科的结合，更需要由专门机构进行监管，进而保障人工智能在医疗领域安全、有序地使用。

然而，由于人工智能的复杂程度高，参与其中的研究团体较多，政府部门很难事先预见有关人工智能的所有风险和问题，所以即使对人工智能进行分类设置，相关部门也仅对其主管领域有所了解，而不能解决人工智能的整体问题。因此，笔者认为，在对人工智能的具体监管上，采用事前备案、事中授权、事后惩罚的整体机制，较为妥当。首先，在人工智能系统设计前，所有参与开发的主体需要共同制定与人工智能相关的企划书，向行业主管部门备案，承诺在达到准入标准且不违反人类利益的前提下合法使用，不申报的，不得在商业领域使用。此要求是为预防人工智能风险而设置的前置性程序。虽然人工智能在发展中具有一定的危险可能性，但该领域显然已经成为国际竞争的主赛道，故应当在满足人类利益优先、研发安全可控等基本条件的前提下，促进人工智能行业的整体发展。其次，事中授权需要政府相关部门对人工智能企业的研发状况定期进行风险评估。当企业在研发过程中出现违反行业规范的情形时，政府相关部门应当责令改正，如有企业仍违反，则应当撤销其相关资格。对人工智能采取事中授权有其自身特殊性，作为新兴科技领域，人工智能的发展轨迹确实有一定的不可预测性，事中授权这项安排在一定程度上需要由安全性向利益性进行妥协。最后，当人工智能在运作过程中出现侵权行为时，不仅需要政府相关部门对此予以问责惩处，还需要有关人工智能的行业协会等予以介入，以进一步推动侵权事件的解决。

二、引入区别对待归责

用统一的规律很难完全解决所有问题。不同自治程度的人工智能在侵权责任分担方面，应有所差别。为此，人工智能侵权在满足侵权责任构成要件且需要承担责任时，在各责任主体之间所适用的归责原则，也要进行细化。

（一）生产者承担无过错责任原则

产品生产者在很多情况下与产品的研发设计者为同一主体，一般的产品生产者都会有自己的专门研发部门。人工智能产品领域的产品生产者与其他一般产品的产品生产者并无不同，都应当严格依据产品设计和人工智能产品领域的具体要求进行生产。《民法典》第1202条规定："因产品存在缺陷造成他人损害的，生产者应当承担侵权责任。"如若在生产过程中，没有遵守生产规定，以致产品存在瑕疵而造成他人损害的，产品生产者应当承担相应的责任。

根据危险控制理论和利益既得理论，要求人工智能生产者承担无过错责任，是毋庸置疑的。① 对于弱人工智能造成的伤害事故，应当适用产品责任制度下的归责原则，因为弱人工智能与一般产品没有本质上的区别。对于生产者来说，生产者直接构建了人工智能系统的核心算法。立足实际，可分析出人工智能载体的自主性程度和智能水平，由此推断生产者对消费者的安全有着不可推卸的保障责任。从另一角度来看，将关注点置于司法管理人事制度改革与基层的司法组织架构完善上，这种差异主要体现于人类参与运作的差异。强人工智能在运行中可以完全脱离人的操作，弱人工智能在运行中则需要人的参加，脱离不了人的操控。这种差异导致了二者在归责原则方面的差异。对销售者、生产者来说，其归责原则并没有影响。因此，由生产者承担无过错责任，无论是在法理还是在实践上，都最为合适。

（二）设计者承担无过错责任原则

传统的产品责任中未特别提出设计者，而是将其归入生产者之列，设计缺陷的责任由生产者承担。人工智能产品与其他一般产品最显著的区别在于，

---

① 王利明：《论我国侵权责任法分则的体系及其完善》，载《清华法学》2016年第1期，第116页。

其具有自主性和智慧性，表现出较强的自我学习能力。人工智能产品拥有此能力和特性的原因在于，产品研发设计者在设计人工智能时，注入了较高的技术含量，在很大程度上控制了人工智能的行为，甚至对人工智能后来的行为起到主导作用。现阶段，我们仍处于弱人工智能时代，设计者对人工智能的设计及控制都起决定性作用。在后续的环节中，生产者严格依据设计进行生产，产品销售者对成品进行销售，他们对人工智能产品进行干预的可能性较小。所以，在人工智能产品侵权场合下，诸如程序紊乱、失灵等状况很可能是由于设计者设计不当造成的。产品出现制造缺陷、设计缺陷和警示缺陷，这些本可以避免的问题，只能归因于产品研发设计者本身，如果因此造成他人利益损害的，产品研发设计者就要承担相应的责任。

人工智能是高科技发展的产物，具有极强的专业性和构成上的复杂性，即使是专业人士也难以明确解释其运算过程和机理，非专业设计者更是无法控制其运行风险。产品的缺陷或者瑕疵无论是发生在算法设计、调试阶段，还是发生在机器学习训练、测试生产阶段，都会决定侵权责任是归于设计者还是生产者。在人工智能背景下，设计者和生产者常常是分离的，所以人工智能的设计者在侵权责任中也应当作为一类责任主体，使设计者和生产者成为独立的市场主体。值得注意的是，对于民事法律关系主体，当前主要有自然人、法人及非法人组织三种类型，但人工智能领域的运营商在定义上，似乎与前述三类主体的逻辑并不能融合。所以，笔者认为，在人工智能领域，可以设立所谓的"电子人"，其拥有单独法人资格，享有特定的国民权利。在产权方面，人工智能产品的设计者可以改变有关人工智能技术的算法，推动生产满足不同需求的产品。由于在人工智能的设计中，设计者可以预先设置程序以降低和控制风险，而非专业设计可能无法及时控制其风险，因此我们应当特别强调人工智能设计者的责任，这是一种无过错责任，即当存在设计缺陷的人工智能致人损害时，设计者应当承担责任。

以自动驾驶汽车为例，设计者应当预先在自动驾驶系统里，设置危急时减速停止的装置和驾驶人快速接管汽车的装置，以确保汽车在发生危险时，汽车本身的设计能够为使用者提供一个必要且周全的解决途径。但如果设计者未能有效地设置前述两种装置，那么在因该两种缺陷而发生侵权行为时，设计者须承担无过错责任。

(三) 销售者承担无过错责任原则

《民法典》第1203条规定："因产品存在缺陷造成他人损害的，被侵权人可以向产品的生产者请求赔偿，也可以向产品的销售者请求赔偿。产品缺陷由生产者造成的，销售者赔偿后，有权向生产者追偿。因销售者的过错使产品存在缺陷的，生产者赔偿后，有权向销售者追偿。"

人工智能产品的销售者与生产者一样，都在人工智能产品上获得利益。根据利益既得理论并结合我国产品责任的相关规则，销售者应当为有缺陷的人工智能产品侵权所致的损害承担无过错责任。而"过错"只是生产者与销售者责任分担的标准。① 当下列情况发生时，人工智能产品的销售者存在主观上的过错，应当承担最终的无过错责任。第一，销售者出售了已淘汰或停产的人工智能产品。人工智能技术的发展会提高其产品质量标准，前期设计生产的人工智能产品可能因无法符合现阶段新的质量标准而遭到淘汰。若销售者在明知人工智能产品已不符合现行质量标准的情况下，仍将其出售，由此给消费者或者第三人、公众造成损害时，应当承担责任。第二，销售者未及时对人工智能产品检查验收。销售者在接收货物时，应当按照检查验收制度对人工智能产品进行验收，一般需要检验人工智能产品上是否标注其生产者名称、生产地址等，该产品是否具备相应的合格证书或合格证明。检验工作属于履行合同中的附随义务，有利于保证产品质量，如果销售者未经验收就将人工智能产品出售给消费者，那么当该产品为缺陷产品且由此引起消费者个人或他人人身、财产权益受损时，销售者就成为造成人工智能产品缺陷致人损害的主要原因。第三，销售者若未能向消费者详细说明有关人工智能产品的相关情况，如操作过程、注意事项、问题处理等，并将其出售给消费者，由此造成损害的，人工智能产品的销售者应当承担最终责任。

(四) 操作者承担过错责任原则

与生产者和销售者相比，产品操作者的过错程度较低。对于操作者而言，

---

① 程啸：《侵权责任法》，法律出版社2011年版，第373页。

因为他们不参与人工智能控制器的设计和制造过程，所以他们不具备掌握人工智能算法和程序的能力，致人损害一般是出于操作不当或使用不当，即因过失违反操作要求而致人损害。人工智能产品的操作者致人损害事件中，只有归因于操作者失误，操作者才承担责任，即其只需要对自身过错承担责任，而无须对人工智能产品的缺陷承担责任。具体来说，操作者通常有检查、按规定使用并妥善保管人工智能产品的义务，但在特定情况下，操作者还有在紧急情况下接管人工智能载体等的义务。例如，厨房机器人的工作程序开启后，周围人误碰致人受伤时，操作者必须及时接管，避免扩大损害。由此可以看出，操作者对人工智能产品实际上负有管理义务，而人工智能产品的"错误"与操作者有关，其是人工智能产品的主要使用者，无论是归因于"错误信息"的接收，还是人工智能产品与人的交互作用，都跟操作者相关。

从引导人工智能科技发展的角度来看，规定操作者负有高度的注意义务可能并不有利于鼓励人工智能科技的发展，因为具有行为智能性和自主性的人工智能产品的生产目的是提供服务、解放劳动力，如果仍然需要操作者负有高度的注意义务，对人工智能产品的行为进行监督，那么人工智能产品提供服务、解放劳动力的价值将大打折扣。然而，从保障合法权益、防止人工智能产品侵权的角度来看，赋予操作者一定的注意义务是有必要的。因为在人工智能产品做出行为的过程中，操作者具有最高的操控能力，只有当操作者对人工智能产品的某些高度危险的行为进行监督注意，才能在发生侵权行为时，及时制止以避免损害。对此，可以针对部分人工智能产品，确定有关操作者的高度注意与监督义务，也可以考虑将操作者纳入购买强制保险的主体范畴，强制要求使用自主性、智能性和侵权可能性较高的人工智能产品的消费者购买使用险，从而在生产者、使用者两个层面上，对人工智能产品可能侵害的权利进行双重保护，对受损法益进行充分救济。

与操作者相比，认定产品所有者的侵权责任承担，较为清晰可行。产品所有者即产品管理者不是产品责任的责任承担主体，在实践中，他们常常作为权益受损害的一方，向产品生产者或者产品销售者主张承担侵权责任。产品所有者是人工智能产品的直接管理者，直接控制人工智能产品的具体行为。产品所有者因人工智能侵权而承担责任的情况与一般侵权责任承担无异，适用过错责任原则。如产品所有者对事故的发生有过错，应当依据过错程度及原因力承担相应的责任。人工智能产品工作的结果直接归属于产品所有者。所有者在对人工智能产品进行操作时，应当按照具体操作规则进行，在操作时尽到较高的注意义务，定期对人工智能产品进行合理维护，如因操作不当、没有尽到相应的注意义务、没有进行必要的维护等其他影响人工智能工作状态的行为而导致侵权行为发生的，产品所有者应当承担相应的责任。

三、完善侵权事实认定机制

（一）适用相当因果关系理论

人工智能产品致人损害的因果关系与环境侵权案件具有较高的相似性，损害行为与损害后果之间的关系复杂。在侵权责任制度的理论基础上，法律没有根据因果关系理论清楚地归责，而人工智能载体侵权事故通常涉及相当多的主体，行为和损害结果之间往往存在较大的时间差，这使得很难断定行为是否导致事故产生，进而难以确定侵权人。如果使用"充分原因说"，将有可能使受害者面对无法主张责任的情形，[①] 部分事实与损害结果之间的因果关系具有科学上的不确定性。因此，可以参照环境法领域学者的观点，将适用相当因果关系理论作为人工智能产品致人损害因果关系认定的最佳选择，并辅以部分因果关系理论进行修正。[②] 相当因果关系的成立要求相关事实是损害发生的必要条件，并且显著增加损害发生的客观可能性。部分因果关系则是指相关事实是损害结果发生的"非充分且非必要条件"，仅是损害发生的部分原因。目前，学界提出的概然因果关系、表面因果关系等概念皆在一定程度上与部分因果关系存在交叉。相应地，在人工智能载体侵权事件中，生产者对人工智能载体负有不可推卸的质量保障责任，因此在人工智能载体侵权中，生产者应当承担更多的责任，只要其没有办法证明伤害和行为之间

[①] 王倩：《环境侵权因果关系举证责任分配规则阐释》，载《法学》2017年第4期，第98页。
[②] 胡学军：《环境侵权中的因果关系及其证明问题评析》，载《中国法学》2013年第5期，第173页。

不存在因果关联,就断定两者之间有因果关系。在因果关系的证明方法上,由于人工智能产品致人损害的因果关系一般很难通过演绎的方式直接加以证明,且常需要对依据现有科学技术尚不能准确认识的事物做出判断,因此事实推定应成为因果关系证明的主要方法。

(二)引入举证责任倒置制度

在人工智能载体侵权事故中,应当引入举证责任倒置制度。在"谁主张、谁举证"的举证责任分配原则下,如果要求受害人证明人工智能设计存在缺陷,那么如何证明甚至如何判断其完成了证明都存在困难。依照有关法律准则,受害人理当对产品存有缺陷、损害事实以及缺陷与损害事实之间存在因果关系承担举证义务,倘若举证不成,进而导致不能要求生产者承担责任时,受害人则要承担法律上的不利结局。但由于人工智能系统相对复杂,受害人较容易陷入举证困境,这和侵权责任的立法主旨背道而驰,因而也无法要求生产者承担责任。人工智能算法中的规则是由设计者、生产者设定的,相对于消费者,他们对最终出现的风险的预见和控制程度也更高。因此,在人工智能侵权事故发生后,举证责任应当倒置。也就是说,要求生产者在承担无过错责任的前提下,证明人工智能载体不存在缺陷,与损害的发生没有因果联系,否则其将要承受不利后果。

实行举证责任倒置制度在人工智能载体侵权事故中具有合理性,理由如下所述。第一,生产者具有更强的举证能力。人工智能系统由一系列极其复杂的算法组成,即使是设计者,也很难解释它是如何工作的,法庭通常不能在此基础上做深入演算,便倾向于用简单的一般规则来解决问题。鉴于生产者是人工智能系统中的制造主体,掌握人工智能系统的核心数据,有较强的证明能力,因此赋予生产者更强的举证责任,更能平衡双方当事人的利益,实现实质公平。第二,因人工智能载体存在缺陷而导致事故,具有很高的盖然性。人工智能载体极大地提高了人们的工作效率,但安全性是另一个十分重要的因素。例如,自动驾驶汽车发生事故的概率要比人类小得多。因而,在人工智能载体侵权事故中,排除人为干预的因素,有缺陷的人工智能载体是招致事故的首要原因。

(三)安装"黑匣子"查证事实

基于人工智能自身的自主性和不可预测性,侵权事故的发生原因往往很复杂,对事实真伪的查明存在许多问题。因此,为还原事实真相,记录车辆实际情况,有必要通过人工智能的制造厂商,为每个载体配备"黑匣子",以实现对人工智能系统的数据监测。安装"黑匣子"有利于人们依照外观、行为规范等,确定人工智能是否存在缺陷。当事故发生时,人工智能系统所收集到的信息可以满足群众预期,而"黑匣子"进行数据收集而做出此种判定的前提是,需要得到事故发生时人工智能载体收集到的信息。"黑匣子"装置应与人工智能同时投入使用,装置的装配责任应由生产者承担。在此基础上,我们能够效仿民事诉讼证据规则,即由受害人提供侵权证据,生产者提供"黑匣子"记录事实。另外,"黑匣子"一般涉及人工智能的核心技术,相关机构对此必须采取一定的保密措施。同时,"黑匣子"虽然有利于查清侵权事实产生的原因,但不能防止其与隐私权之间的冲突,为此基层政府可以设立专项基金以支持相关工作的展开,增强信息保护力度,避免使个人信息陷入泄露或滥用的危险之中。

四、健全社会化分担机制

(一)立法指导思想为核心

在制定具体法律之前,应当以立法指导思想为基础,为立法活动指明方向和理论依据。结合人工智能的特征,笔者对以下三点进行分析。第一,要重视人工智能技术的安全性问题。法律的价值不仅在于保证自由,更重要的是保障秩序,安全是确保秩序的核心要义。人工智能作为风险与发展共存的"双刃剑",不能只关注其发展优势,而是需要辩证地看待人工智能这一新兴产物还会带来什么样的风险。赋予人工智能法律主体地位的前提是安全性,人工智能的不确定性足以引起法律的防范。第二,针对人工智能进行算法监督。人工智能的算法类似自然人的自主意识,无法客观呈现,因此被称作"算法黑箱"。传统机器在既定的程序框架内进行运算,没有脱离人类的控制,但人工智能的指令都是通过深度学习得来的,因此对其初始的开发、设计过程的规范尤其重要，应当在立法中明确要求相关算法研究员将人工智能算法尽可能地透明公开。只有人工智能算法系统足够透明化，其行为"动机"有迹可循，才能将其归纳于权利、义务的法律框架之下。第三，针对人工智能的立法，要立足于社会实践。社会的不断发展，使得法律主体的范围也在随社会的要求而延伸，人工智能发展对现有的法律体系已经产生冲击，主要体现为权利和义务的失衡。对此，似乎需要对人工智能以一种新的存在形式来解决权责困境，并且由于不同人工智能体的特征也有所不同，因此对各类人工智能需要分别制定权利、义务范围。

（二）建立人工智能强制保险制度

为了保障在医疗活动中遭受损害的受害人能够得到经济赔偿，又避免让生产者、消费者、管理者对与人工智能相关的所有潜在的未知损失承担责任，可通过建立人工智能强制保险制度，对由于人工智能自身原因造成的医疗损害进行赔偿。这样可以更加准确地锁定强人工智能作为侵权责任主体来承担赔偿责任，同时也可以减少医疗机构承担替代责任的风险，避免降低开发设计者、生产者等的积极性。

以涉及强人工智能的医疗侵权诉讼为例，随着人工智能的自主程度越来越高，举证损害原因、因果关系等事项将变得越来越困难，为了能够对无辜的受害人进行赔偿，可以建立由生产者或者管理者负担的强制保险机制。[①]对每一个用于医疗行为的强人工智能产品进行投保，以便为涉及责任支付的情形创造一个潜在的资金池。如果某一个强人工智能产品导致医疗损害并且需要承担责任时，随后的赔偿都将限定在保险赔偿金额的范围之内，生产者和管理者无须再支付额外的费用。这样一来，对损害结果不负有直接责任但可能相关的主体能预先知晓潜在的风险成本，可以通过缴纳强制保险来免于承担替代责任；同时，以市场为主导的保险制度无须对现有制度做过大的调整变动，有利于维持制度体系的稳定性。

欧盟也曾在针对人工智能的立法建议中提到对人工智能适用强制保险机

---

① 杨芳龄：《人工智能品侵权的法律问题研究》，载《安徽电子信息职业技术学院学报》2018年第5期，第90页。

制，即由生产者或者所有者作为投保人，以补充对受害方的赔偿。而对人工智能的风险防范机制规定得较为全面的是英国政府，其在2017年2月颁布了全球首部关于自动驾驶汽车保险的法案——《汽车技术与航空法案》。该法案阐明了无人驾驶汽车的交通事故责任分配方案、车辆所有者投保责任，要求汽车强制性保险必须覆盖汽车及事故赔偿方法等。该法案规定，当发生自动驾驶汽车交通事故时，损失由保险公司先行赔付，其在赔付后可以获得追偿权，即有权根据现行法律规定向汽车的生产者追偿，以此实现对受害方的经济赔偿和保障。

结合欧盟和英国在风险防控上的立法经验，人工智能的强制保险制度的构建是大势所趋，可以通过较小的经济支出实现共担风险。强制责任保险是一种考虑公共利益政策的特殊责任保险，它不仅能在集中风险、分散损失的同时，通过强制手段有效地保护第三人的利益，还可以有效应对基于自动驾驶系统不确定性带来的社会风险，实现侵权损害赔偿的多元化。同时，人工智能强制保险制度必须在区分不同类型的人工智能的基础上，建立不同的强制保险制度，比如可以效仿针对人工智能制造商或操作者而设立的强制性保险制度。总之，经由强制保险机制，以较低成本获得分担风险的机会，可以大幅度减少人工智能因侵权引起的经济纠纷，平衡各方利益，促进产业的发展。①

（三）设立人工智能专项赔偿基金

当强人工智能侵权不满足诸如违约责任、产品缺陷责任等传统的责任主张，或者强制保险金额不足以对受害人进行赔偿，抑或由于生产者、管理者没有按照强制规定对强人工智能投保时，可以考虑建立以政府或者行业为主导的储备基金，② 从而作为强制保险制度的补充。在储备基金制度下，整个人工智能行业将拥有一个独立的资金池，用于解决与人工智能相关的赔偿支付问题，即由资金池中的基金对侵权纠纷进行赔偿，而不是由生产者或管理者直接赔偿。相较于强制保险制度，储备基金的好处也有很多。具体而言，

---

① 王利明：《人工智能时代提出的法学新课题》，载《中国法律评论》2018年第2期，第1－4页。
② 刘小璇、张虎：《论人工智能的侵权责任》，载《南京社会科学》2018年第9期，第110页。

储备基金的来源更加多元，可以在交付管理者使用时，以分摊附加费用的形式增加储备基金；当强人工智能不具有独立支配的财产条件时，可将其在运行活动中创造的收益直接转移至储备基金。储备基金制度可以确保未被强制保险覆盖的损害得到弥补，这也是设立储备基金的首要目的。

作为一种社会赔偿基金，人工智能专项赔偿基金与强制保险都可以达到救济受害人的目的，[1] 这两种救济路径都旨在更好地救济受害人因事故所遭受的损失，从而更好地防范人工智能给人们的权益带来的风险。之所以设立人工智能专项赔偿基金作为配套措施，是因为强制保险制度并不能涵盖所有的赔偿领域，因此通过赔偿基金解决强制险未覆盖的赔偿问题，尽可能地将损害赔偿纠纷在第三方赔偿框架下予以解决，从而减少双方争议以及由此导致的诉累。[2] 赔偿基金的设立方式可以参考工伤赔偿基金，以政府为主导，由投资者、生产者、销售者以及消费者共同参与，从而形成该基金。人工智能专项赔偿基金作为一种社会赔偿基金，是政府充分发挥自己的职能，在行动上扶持受害人，以公共权力支配公共财产来弥补财产、人身和生命损害的重要体现。

此外，值得注意的是，强制保险和赔偿基金制度的建立具有较高的可行性，国家可以要求一些服务危险性、侵权可能性、行为智能自主性较高的人工智能产品的生产者为其产品购买强制保险。其中，服务危险性、侵权可能性指的是，该人工智能产品为使用者提供的是危险性较高的服务，比如自动驾驶汽车与自动化医疗器械等做出的行为，都是与公民生命健康息息相关且极有可能造成侵权的行为。与交通强制险要求车辆使用者购买不同的是，高度危险人工智能强制险应当要求由该人工智能的生产者购买，其原因在于两点。第一，当使用者不存在使用操作上的失误，同时也不再负有高度注意义务，侵权行为是因为人工智能的自行决策而造成时，使用者并不应当成为责任主体，反而可能成为蒙受财产损失的受害者。第二，即使人工智能作为产

---

[1] 党家玉：《人工智能的伦理与法律风险问题研究》，载《信息安全研究》2017年第12期，第1085页。

[2] 齐恩平、曹一夔：《人工智能视角下的民法问题分析》，载《天津商业大学学报》2018年第1期，第65—68页。

品，其生产过程无失误，但其行为智能自主性、服务危险性、侵权可能性仍然是人工智能产品本身所带的或者服务过程中无法避免的风险，这在一定程度上已经类似产品缺陷，所以要求此类人工智能产品的生产者购买更为合理。而在建立强制保险制度的同时，国家也可以通过财政支出设立专门的"高危人工智能侵权赔偿基金"，在发生行为智能自主性、服务危险性、侵权可能性较高的人工智能侵权时，对人身财产受到损害的使用者、受害人进行救济赔偿。

（四）建立数据留存机制

人工智能产品的初始数据对人工智能产品侵权行为的认定具有重要意义，没有初始数据，就难以厘清其中的因果关系。因此，将人工智能产品的初始设计数据由政府的特定机构进行封存，在发生人工智能产品侵权事件时，将原始数据提取出来，与事故发生时人工智能产品的数据进行比对，可具体确定该侵权案件的因果关系是由于人工智能产品存在产品缺陷，抑或是基于受害者过错等因素。之所以如此规定，是因为我国目前的举证原则是"谁主张，谁举证"，但对受害人来说，很难获取人工智能产品的初始设计数据，只能通过法院进行调取，费时又费力，而且也难以防止生产者私自篡改数据。所以，可以由受害人进行初步举证，证明自己所受损害系由人工智能产品造成，然后由使用者、销售者、生产者依次进行举证，根据举证结果来判定各自承担责任的比例。

（五）加强标准化、行业化管理

为了加强人工智能领域标准化设计，推动人工智能技术的发展，国家标准化管理委员会、中央网信办、国家发展和改革委、科技部、工信部五部委于2020年联合印发了《国家新一代人工智能标准体系建设指南》。该指南将人工智能标准体系结构划分为"A 基础共性""B 支撑技术与产品""C 基础软硬件平台""D 关键通用技术""E 关键领域技术""F 产品与服务""G 行业应用""H 安全/伦理"八个领域，对我国未来的人工智能行业发展做出了基本的框架设计。在制定国家标准时，相关主体应具备足够的前瞻性和灵活性，要及时跟进技术发展，更新国家标准，防止因标准不匹配发展实际反而限制人工智能产业发展，或因标准慢于人工智能产业发展而形同虚设。在规范人工智能产业发展的同时，也可以成立行业咨询委员会，引导资源共享，这样人工智能行业的相关数据、资源才能够得到充分利用，各个细分领域与人工智能相关的创业者的开发工作才不会出现重复和浪费，同时也能引导行业的创新和发展，培养更多的人才。

（六）合理分配具体权利、义务及责任承担

人工智能在各领域的发展相当迅速，改变了社会生产模式，从而使原有的法律关系产生了变化，因此需要明晰其权利及义务的界限。简言之，科技的发展促使法律对其进行规制。人工智能法律主体地位的确定，可以被认定为自然人利益的延伸，因此以功能主义的视角来探讨人工智能法律主体地位较为合适。对人工智能法律主体地位的认知应当随智能社会的发展而改变，这属于一种递进式的认知模式。人工智能最开始仅被人视为工具，完全受自然人控制，其行为后果由控制人承担。后来，人工智能的自主性增强，需要赋予其与社会相适应的法律"人格"来应对科技发展带来的法律问题，可以预想随着人工智能继续发展，其法律"人格"的范围还会继续改变。因此，人工智能的权利、义务范围可以从工具、代理人、经济人这种逐级递进的视角予以扩大。[1]

人工智能工具视角。由于技术创新不总是引起法律的变化，在法律变化之前，我们必须认真对待现有规则，并努力使新情况适应现有秩序。在现行法律可以维持社会正常运行的前提下，则不应当突破现有法律主体的基本范畴。我国法律暂时不认同人工智能法律主体地位，如果完全将其视为工具，目前法律将不需要做出改变，按照《民法典》侵权责任编中规定的侵权责任后果，按照数字电文的法律规则确定意思表示主体，因此无须做过多论证。[2]

人工智能代理人视角。人工智能不同于传统机器，[3] 其能够脱离人类控

---

[1] 张志坚：《论人工智能的电子法人地位》，载《现代法学》2019年第5期，第75-88页。
[2] 许中缘：《论智能机器人的工具性人格》，载《法学评论》2018年第5期，第155页。
[3] 张志坚：《论人工智能的电子法人地位》，载《现代法学》2019年第5期，第75-88页。

制而实现自主决策，应认定其拥有一定的行为能力，同时赋予人工智能特定人格，也不会损害以人为中心的伦理体系。① 对于这种新型主体，通过代理的方式可以实现人类能力的延伸。在代理关系中，人工智能应当被认定为相关权利主体的代理人，委托人可以对其实施监控，代理关系从打开电源开始，至关闭电源时结束，人工智能在没有人指示的情况下为其委托人利益提供持续性服务，同时也可以在委托人那里接收指令和任务。在传统的民商事代理关系中，无论委托人还是代理人，均是具有行为能力和权利能力的法律主体，而人工智能代理与此有不同之处，仅能认定其具有行为能力，而不具备承担责任的能力；传统代理关系中，需要通过订立代理合同才能创建代理关系，代理规则中的代理人是存在代理权限和个人利益的，当其超过代理权限或者为代理人自身利益从事相关的行为，委托人可以依法免除相关行为的法律责任。当人工智能类推适用代理规则时，承认人工智能具有代理行为能力，其签订的合同有效，同时否认其自身利益，认定不存在代理权限的问题，以此实现人工智能自由决策和将委托人视为责任人的目标。

人工智能经济人视角。如果赋予人工智能法律主体地位，可以借助现行有限责任公司的设立制度来实现。依据目前的发展情况来看，这种身份应当是电子性的，即人工智能的"人格"与其他法律主体资格相区别，并包括四个条件。第一，以登记为成立条件。企业具备法人条件，并经法定程序取得法人资格后，开始享有权利能力，具备行为能力，人工智能参照企业以登记而存在的形式，赋予其法律主体地位。为人工智能登记的企业或个人应当向批准机关备案，其目的是对人工智能进行有效监管，体现了国家对经济秩序的监督。第二，设定具体权利、义务范围，通过对人工智能输入特定程序，确保人工智能在设定的行为能力范围内做出决策。第三，设置财产账户。企业或个人为其人工智能设置财产账户，使人工智能在其权限范围内享有收益以及独立承担责任，人工智能超出权限范围做出的决策所带来的收益可以由人工智能自主享有，自主决策使他人遭受不利损失的，可以参照适用"刺破法人面纱"制度，先由人工智能账户承担，不足部分应由设立人承担无限连

---

① 许中缘：《论智能机器人的工具性人格》，载《法学评论》2018 年第 5 期，第 155 页。

带赔偿责任，保护利益受损者的权益。第四，设立人工智能强制保险制度。鉴于在人工智能"算法黑箱"之侵权责任难以明晰责任主体的情形下，强行让相关主体承担责任有违公平，所以笔者建议，可以让特定人工智能企业事先缴纳一定比例的保险金。这样既能保证利益受损者拥有救济途径，同时也避免某一企业非因自身原因而承担责任。另外，人工智能的发展尤为迅速，人们难以对有可能但还未曾发生的问题制定过为具体的法律条文，所以只能对某一类问题制定基础性法律规定。如果出现新的法律关系，则可以通过司法解释的途径来解决问题，等到时机成熟再予以明文规定。

主要参考文献

一、著作

[1] 杨立新. 侵权责任法 [M]. 3 版. 北京：法律出版社，2018.

[2] 王泽鉴. 侵权行为 [M]. 3 版. 北京：北京大学出版社，2016.

[3] 刘少山，唐洁，吴双，等. 第一本无人驾驶技术书 [M]. 北京：电子工业出版社，2017.

[4] 熊秉元. 正义的成本：当法律遇上经济学 [M]. 北京：东方出版社，2014.

[5] [美] 瑞恩·卡洛，迈克尔·弗鲁姆金，[加] 伊恩·克尔. 人工智能与法律的对话 [M]. 陈吉栋，董慧敏，杭颖颖，译. 上海：上海人民出版社，2018.

[6] [美] 阿奇姆·伊斯坎达里安. 智能车辆手册：卷Ⅰ [M]. 李克强，等译. 北京：机械工业出版社，2017.

[7] [德] 菲利普·黑克. 利益法学 [M]. 傅广宇，译. 北京：商务印书馆，2016.

[8] [美] 约翰·罗尔斯. 正义论 [M]. 何怀宏，等译. 北京：中国社会科学出版社，1988.

[9] [德] 黑格尔. 法哲学原理 [M]. 范扬，张企泰，译. 北京：商务印书馆，1996.

二、期刊

[1] 郭毅可. 论人工智能历史、现状与未来发展战略 [J]. 人民论坛·学

术前沿，2021（23）：41-53.

［2］付其运．人工智能非主体性前提下侵权责任承担机制研究［J］．法学杂志，2021（4）：83-90.

［3］项思哲，周依涛，郑炜炀，等．基于改进单神经元 PID 算法的平衡小车控制［J］．电子测量技术，2021（13）：68-72.

［4］张安毅．人工智能侵权：产品责任制度介入的权宜性及立法改造［J］．深圳大学学报（人文社会科学版），2020（4）：112-119.

［5］郭剑平．制度变迁史视域下人工智能法律主体地位的法理诠释［J］．北方法学，2020（6）：123-133.

［6］钱思雯．弱人工智能时代的法律回应——构建以产品责任为核心的责任分配体系［J］．中国科技论坛，2019（9）：76-84.

［7］吕媛媛，宋杨，秦剑峰，等．电动平衡车现行国家标准解析［J］．电池工业，2019（4）：198-203.

［8］刘宪权．人工智能时代的"内忧""外患"与刑事责任［J］．东方法学，2018（1）：134-142.

［9］卢嘉程．人工智能体侵权责任承担可行路径研究［J］．东南大学学报（哲学社会科学版），2018（A02）：58-63.

［10］汪渊智，席斌．数字化时代民事权利制度的挑战与展望［J］．东南法学，2021（1）：32-55.

［11］曹险峰．人工智能具有法律人格吗［J］．地方立法研究，2020（5）：67-75.

［12］刘洪华．论人工智能的法律地位［J］．政治与法律，2019（1）：11-21.

［13］冯洁．人工智能体法律主体地位的法理反思［J］．东方法学，2019（4）：43-54.

［14］杨立新．民事责任在人工智能发展风险管控中的作用［J］．法学杂志，2019（2）：25-35.

［15］刘小璇，张虎．论人工智能的侵权责任［J］．南京社会科学，2018（9）：105-110，149.

[16] 梁鹏. 人工智能产品侵权的责任承担 [J]. 中国青年社会科学, 2018 (4): 11-14.

[17] 彭诚信. 人工智能的法律主体地位 [J]. 人民法治, 2018 (18): 98-100.

[18] 龙文懋. 人工智能法律主体地位的法哲学思考 [J]. 法律科学 (西北政法大学学报), 2018 (5): 24-31.

[19] 张清, 张蓉. "人工智能+法律"发展的两个面向 [J]. 求是学刊, 2018 (4): 97-106.

[20] 陈吉栋. 论机器人的法律人格: 基于法释义学的讨论 [J]. 上海大学学报 (社会科学版), 2018 (3): 78-89.

[21] 吴汉东. 人工智能时代的制度安排与法律规制 [J]. 法律科学 (西北政法大学学报), 2017 (5): 128-136.

[22] 吴维锭, 张潇剑. 人工智能致第三方损害的责任承担: 法经济学的视角 [J]. 广东财经大学学报, 2019 (3): 78-87.

[23] 牛彬彬. 我国高度自动驾驶汽车侵权责任体系之建构 [J]. 西北民族大学学报 (哲学社会科学版), 2019 (3): 177-188.

[24] 韩旭至. 自动驾驶事故的侵权责任构造: 兼论自动驾驶的三层保险结构 [J]. 上海大学学报 (社会科学版), 2019 (2): 90-103.

[25] 吴英霞. 无人驾驶汽车规范发展法律路径研究 [J]. 科技管理研究, 2019 (2): 37-42.

[26] 张继红, 肖剑兰. 自动驾驶汽车侵权责任问题研究 [J]. 上海大学学报 (社会科学版), 2019 (1): 16-31.

[27] 陶盈. 机器学习的法律审视 [J]. 法学杂志, 2018 (9): 55-63.

[28] 张力, 李倩. 高度自动驾驶汽车交通侵权责任构造分析 [J]. 浙江社会科学, 2018 (8): 35-43.

[29] 赵申豪. 自动驾驶汽车侵权责任研究 [J]. 江西社会科学, 2018 (7): 207-218.

[30] 周友军. 我国《侵权责任法》修订入典的初步构想 [J]. 政治与法律, 2018 (5): 2-17.

[31] 郑志峰. 自动驾驶汽车的交通事故侵权责任 [J]. 法学, 2018 (4): 16-29.

[32] 陈燕申, 陈思凯. 美国政府《联邦自动驾驶汽车政策》解读与探讨 [J]. 大数据时代, 2018 (1): 25-30.

[33] 司晓, 曹建峰. 论人工智能的民事责任: 以自动驾驶汽车和智能机器人为切入点 [J]. 法律科学（西北政法大学学报）, 2017 (5): 166-173.

[34] 沈玲. 美欧无人驾驶汽车相关立法的最新进展及对我国的启示建议 [J]. 现代电信科技, 2017 (3): 13-17.

[35] 陈晓林. 无人驾驶汽车对现行法律的挑战及应对 [J]. 理论学刊, 2016 (1): 124-131.

[36] 张清, 张蓉. 论类型化人工智能法律责任体系的构建 [J]. 中国高校社会科学, 2018 (4): 134-141.

[37] 倪楠. 人工智能发展过程中的法律规制问题研究 [J]. 人文杂志, 2018 (4): 122-128.

[38] 吴汉东, 张平, 张晓津. 人工智能对知识产权法律保护的挑战 [J]. 中国法律评论, 2018 (2): 1-24.

[39] 闫坤如. 人工智能的道德风险及其规避路径 [J]. 上海师范大学学报（哲学社会科学版）, 2018 (2): 40-47.

[40] 莫宏伟. 强人工智能与弱人工智能的伦理问题思考 [J]. 科学与社会, 2018 (1): 17-21.

[41] 何立民. 人工智能系统智能生成机理探索之六: 从弱人工智能、强人工智能到超人工智能 [J]. 单片机与嵌入式系统应用, 2020 (8): 88-89.

[42] 曾杨, 孙全意. 人工智能产品设计伦理探究 [J]. 包装工程, 2021 (4): 319-322, 326.

[43] 沈臻懿. AI立法的域外探索 [J]. 检察风云, 2018 (7): 18-19.

[44] 高绍林, 张宜云. 人工智能在立法领域的应用与展望 [J]. 地方立法研究, 2019 (1): 48-49.

[45] 腾讯研究院. 人工智能各国战略解读: 英国人工智能的未来监管措施与目标概述 [J]. 电信网技术, 2017 (2): 33-35.

[46] 蔡翠红, 戴丽婷. 美国人工智能战略: 目标、手段与评估 [J]. 当代世界与社会主义, 2021 (1): 107-117.

[47] 殷佳章, 房乐宪. 欧盟人工智能战略框架下的伦理准则及其国际含义 [J]. 国际论坛, 2020 (2): 18-30.

[48] 李超. 人工智能辅助立法: 现状、困境及其因应 [J]. 人大研究, 2020 (4): 14-20.

[49] 王轶晗, 王竹. 医疗人工智能侵权责任法律问题研究 [J]. 云南师范大学学报 (哲学社会科学版), 2020 (3): 103-109.

[50] 孟亚楠. 人工智能医疗产品侵权中的责任主体问题探究 [J]. 东南大学学报 (哲学社会科学版), 2019 (S02): 91-95.

[51] 杨立新. 自动驾驶机动车交通事故责任的规则设计 [J]. 福建师范大学学报 (哲学社会科学版), 2019 (3): 75-88.

[52] 房绍坤, 林广会. 人工智能民事主体适格性之辨思 [J]. 苏州大学学报 (哲学社会科学版), 2018 (5): 64-72.

[53] 刘洪华. 人工智能法律主体资格的否定及其法律规制构想 [J]. 北方法学, 2019 (4): 56-66.

[54] 贺栩溪. 人工智能的法律主体资格研究 [J]. 电子政务, 2019 (2): 103-113.

[55] 郭少飞. "电子人"法律主体论 [J]. 东方法学, 2018 (3): 38-49.

[56] 杨立新. 人工类人格: 智能机器人的民法地位——兼论智能机器人致人损害的民事责任 [J]. 求是学刊, 2018 (4): 84-96.

[57] 贾章范, 张建文. 智能医疗机器人侵权的归责进路与制度构建 [J]. 长春理工大学学报 (社会科学版), 2018 (4): 35-41.

[58] 彭诚信, 陈吉栋. 论人工智能体法律人格的考量要素 [J]. 当代法学, 2019 (2): 52-62.

[59] 许辉猛, 王飞翔. 人工智能侵权责任认定 [J]. 长安大学学报

（社会科学版），2018（4）：56 – 63.

[60] 杨立新. 用现行民法规则解决人工智能法律调整问题的尝试［J］. 中州学刊，2018（7）：40 – 49.

[61] 张童. 人工智能产品致人损害民事责任研究［J］. 社会科学，2018（4）：103 – 112.

[62] 李坤海，徐来. 人工智能对侵权责任构成要件的挑战及应对［J］. 重庆社会科学，2019（2）：56 – 65.

[63] 石冠彬. 论智能机器人创作物的著作权保护——以智能机器人的主体资格为视角［J］. 东方法学，2018（3）：140 – 148.

[64] 杨清望，张磊. 论人工智能的拟制法律人格［J］. 湖南科技大学学报（社会科学版），2018（6）：91 – 97.

[65] 陶盈. 自动驾驶车辆交通事故损害赔偿责任探析［J］. 湖南大学学报（社会科学版），2018（3）：136 – 141.

[66] 王利明. 人工智能时代提出的法学新课题［J］. 中国法律评论，2018（2）：1 – 4.

[67] 殷秋实. 智能汽车的侵权法问题与应对［J］. 法律科学（西北政法大学学报），2018（5）：42 – 51.

[68] 齐恩平，曹一夔. 人工智能视角下的民法问题分析［J］. 天津商业大学学报，2018（1）：65 – 68.

[69] 张志坚. 论人工智能的电子法人地位［J］. 现代法学，2019（5）：75 – 88.

[70] 许中缘. 论智能机器人的工具性人格［J］. 法学评论，2018，（5）：153 – 164.

三、网络文献

[1] 国内首起特斯拉自动驾驶致死事故曝光 经销商成被告［EB/OL］.（2016 – 09 – 15）［2023 – 05 – 10］. https：//business. sohu. com/20160915/n468474398. shtml.

[2] 特斯拉承认：致死案当时处自动驾驶状态［EB/OL］.［2023 – 05 –

10]. https：//baijiahao. baidu. com/s? id =15937062893311560830.

[3] 全球首例 优步无人驾驶车撞死一女子［EB/OL］.［2023-05-10］. https：//baijiahao. baidu. com/s? id =1595420840986953120&wfr = spider& for = pc.

[4] 首例! 法院认定人工智能生成的文章构成作品［EB/OL］.［2023-05-10］. https：//www. sohu. com/a/380773882_117916.

[5] 深谋远猷：英国发布首个《国家人工智能战略》［EB/OL］.［2023-05-10］. https：//www. secrss. com/articles/34574.

[6] 英国数据伦理与创新中心发布《人工智能保障生态系统路线图》［EB/OL］.［2023-05-10］. https：//www. secrss. com/articles/38297.

[7] 美国人工智能倡议（全文）［EB/OL］.［2023-05-10］. https：//www. sohu. com/a/357712774_825950.

[8] 美国人工智能相关立法情况概述［EB/OL］.［2023-05-10］. https：//www. worldip. cn/index. php? a = show&c = index&catid = 66&id = 261&m = content.

[9] 王卫,吴琼. 欧盟拟收紧 AI 监管规则发布最严格立法草案［EB/OL］.（2021-04-26）［2023-05-10］. http：//news. cnhubei. com/content/2021-04/26/content_13758456. html.

[10] 人工智能行业主管部门、监管体制及主要法律法规政策分析（2021 年）［EB/OL］.（2021-11-03）［2023-05-10］. http：//wwww. chyxx. com/zhengce/202111/984353. html.